まちごとチャイナ

西湖と山林杭州
Zhejiang 003 Xihu
「地上の楽園」
龍井茶のふるさと

Asia City Guide Production

【白地図】杭州

CHINA
浙江省

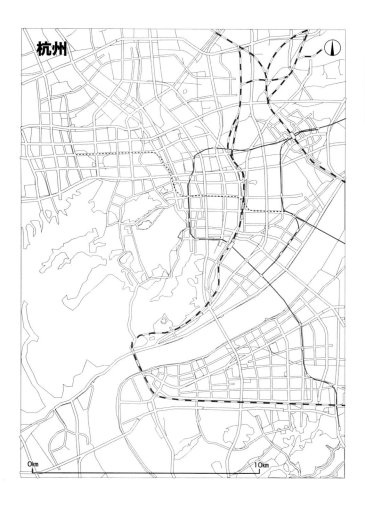

【白地図】西湖

CHINA
浙江省

西湖 Xihu 白地図

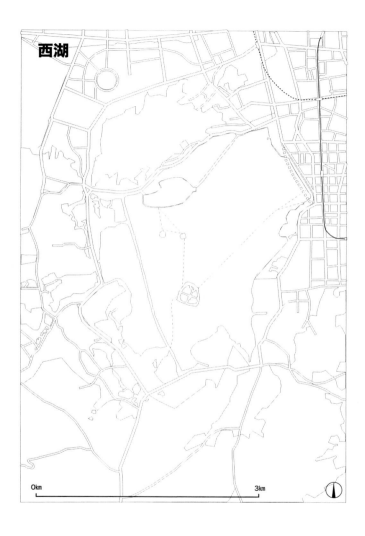

【白地図】西湖北側

CHINA
浙江省

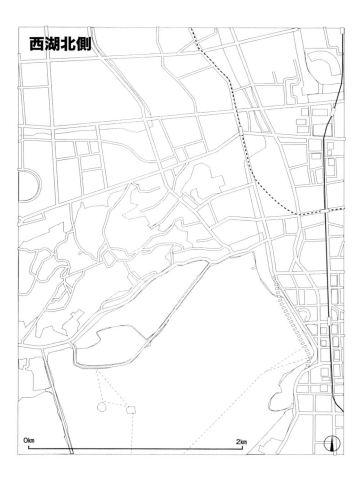

【白地図】孤山

CHINA
浙江省

【白地図】北山街（岳王廟）

CHINA
浙江省

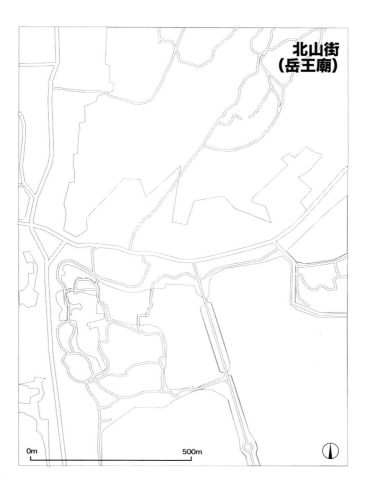

【白地図】岳王廟

CHINA
浙江省

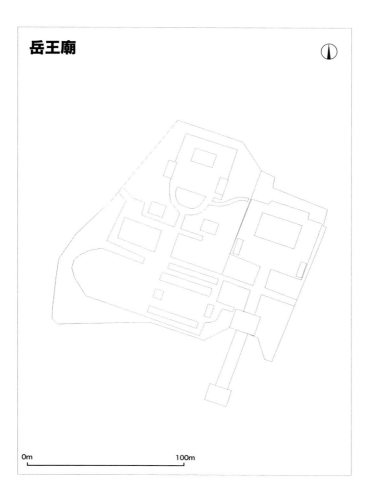

【白地図】西湖西側

CHINA
浙江省

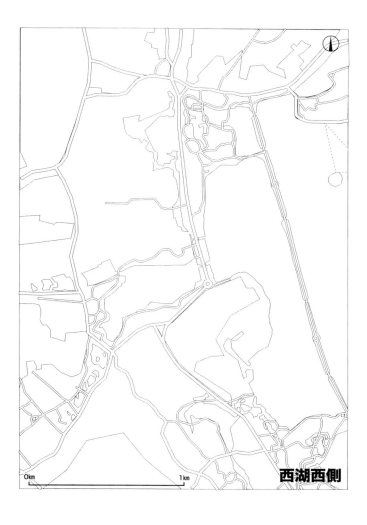

Xihu 白地図 西湖西側

【白地図】三潭印月

CHINA
浙江省

三潭印月

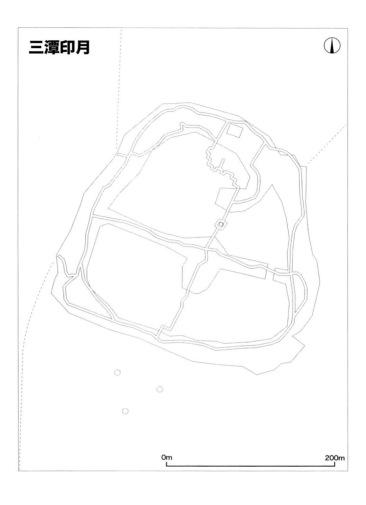

Xihu 白地図

0m 200m

【白地図】西湖南側

CHINA
浙江省

西湖南側

Xihu 白地図

【白地図】雷峰塔

CHINA
浙江省

【白地図】西湖東側

CHINA
浙江省

西湖東側

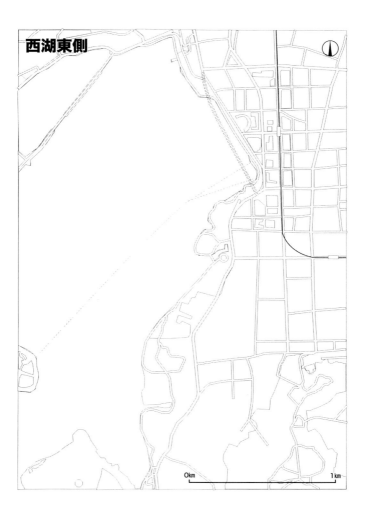

Xihu 白地図

【白地図】飛来峰（霊隠寺）

CHINA
浙江省

飛来峰（霊隠寺）

Xihu 白地図

【白地図】霊隠寺

CHINA
浙江省

【白地図】龍井

CHINA
浙江省

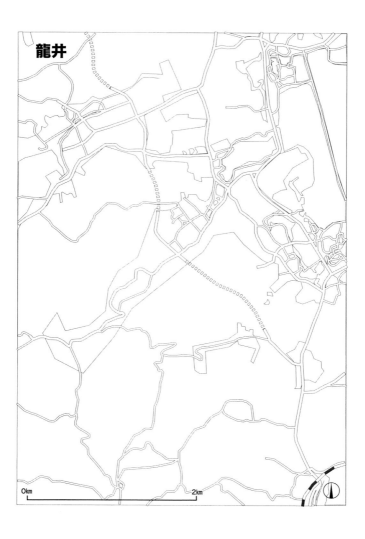

【白地図】西湖郊外

CHINA
浙江省

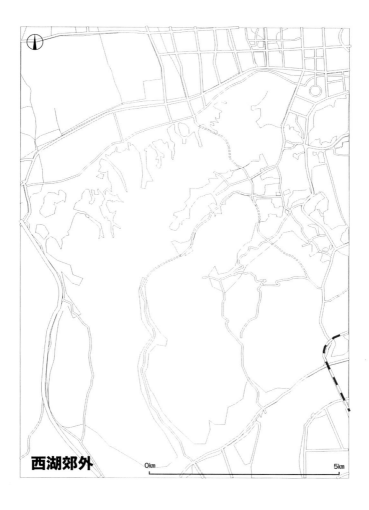

【まちごとチャイナ】
浙江省 001 はじめての浙江省
浙江省 002 はじめての杭州
浙江省 003 西湖と山林杭州
浙江省 004 杭州旧城と開発区
浙江省 005 紹興
浙江省 006 はじめての寧波
浙江省 007 寧波旧城
浙江省 008 寧波郊外と開発区
浙江省 009 普陀山
浙江省 010 天台山
浙江省 011 温州

CHINA
浙江省

杭州の象徴とも言える西湖は、三方向を山林に、一方向を都市に接し、市街西側に広がるところからこの名前がつけられた。西湖のほとりには寺院、楼閣、廟や亭が立ちならび、「杭州西湖の文化的景観」として世界遺産にも指定されている。

この西湖は唐代の白居易（772〜846年）、北宋の蘇東坡（1036〜1101年）といった杭州に赴任してきた文人官吏によって整備、造園が進められてきた。四季折々に変化を見せる様子は、多くの中国文人に詠われ、中国随一の景勝地となっている。

Xi Fu 西湖 xī hú
シイフウ
西湖と山林杭州

　また西湖南西の丘陵地帯では、龍井茶が栽培され、中国茶最高品質の誉れ高い。西湖を擁する杭州は、蘇州とともに江南風雅の代表格にあげられ、「上有天堂下有蘇杭（天に天堂、地に蘇州と杭州あり）」とたたえられている。

【まちごとチャイナ】

浙江省 003 西湖と山林杭州

目次

西湖と山林杭州	xxxii
美しさ四季折々の西湖	xxxviii
西湖北側鑑賞案内	liii
孤山鑑賞案内	lxvii
岳王廟鑑賞案内	xci
西湖西側鑑賞案内	cv
三潭印月鑑賞案内	cxv
西湖南側鑑賞案内	cxxi
西湖東側鑑賞案内	cxxxvii
杭州発中世日本へ	cxlvi
霊隠寺鑑賞案内	clii
龍井鑑賞案内	clxv
茶樹南方の嘉木いろは	clxxix

【MEMO】

【地図】杭州

【地図】杭州の [★★★]
- ☐ 西湖 西湖シイフウ
- ☐ 岳王廟 岳王庙ユエワンミィャオ
- ☐ 龍井 [西湖新十景] 龙井ロンジン

【地図】杭州の [★★☆]
- ☐ 孤山 孤山グウシャン
- ☐ 雷峰塔 雷峰塔レイフォンタア
- ☐ 霊隠寺 灵隐寺リンインスウ
- ☐ 宋城 宋城ソォンチャン

【地図】杭州の [★☆☆]
- ☐ 梅家坞村 梅家坞村メイジィアウウツゥン

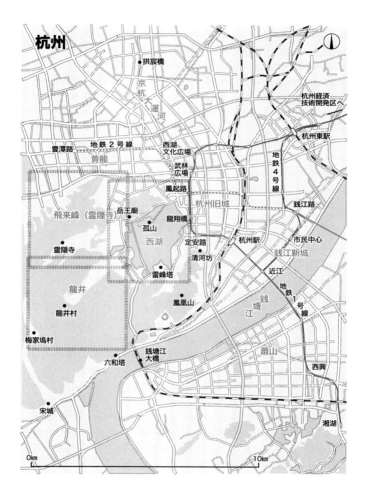

美しさ
四季折々
の西湖

CHINA
浙江省

呉越、南宋の都がおかれ
中国八大古都にあげられる杭州
西湖はこの街の繁栄とともにあった

西湖 西湖 xī hú シイフウ ［★★★］

南北3.2km、東西2.8km、周囲15kmほどで広がり、並木道の柳、桃や蓮、キンモクセイ、梅など春夏秋冬を通じて美しい姿を見せる西湖。湖の北側を東西につらぬく「白堤」と、西側を南北につらぬく「蘇堤」によって「外湖(西湖)」「北里湖」「岳湖」「西里湖」「小南湖」と大きく5つの区域にわけられる。西湖の中心には神仙の棲む蓬莱山がイメージされた三潭印月が浮かび、湖のほとりには園庭や楼閣、蓮池、築山、石橋が景色にあわせて展開する。西湖の平均の深さは1.5m、深いところでも3mほどしかなく、土砂や水生植物による堆積をふせ

Xihu 美しさ四季折々の西湖

ぐため、常に人間の手を加えて状態を維持する必要があった（西湖の堤や島は、浚渫作業によってできあがった）。こうしたところから、自然の美と人間の手による人工美があわさり、その美しさは中国四大美女のひとり西施にたとえられる。

西湖の形成

杭州や西湖は古くは東海だったところで、銭塘江の流れなど、土砂の堆積で陸地化した。西湖が東海から分離し、内陸湖となったのは紀元前5世紀ごろで、塩水だった水も唐代には淡水となった（そのため始皇帝時代の杭州は霊隠寺そばにあり、

CHINA
浙江省

5世紀、現在の杭州市街に街が築かれた)。古く武林湖、明聖湖、金牛湖といった名前で呼ばれていた湖は、唐代、市街の西側にあることから、「西湖」という名前が定着した。唐代以降、この地に赴任してきた官吏たちが西湖の美しさを詩に詠み、やがて西湖と杭州の名前は中国全土に知られるようになった。中国には杭州西湖からとった西湖という湖が数多くあり、北京頤和園の基本プランは西湖を参考にして造営された。

▲左　西湖の南側に立つ六和塔。　▲右　西湖の庭園技術は日本に伝えられた

Xihu　美しさ四季折々の西湖

文人に愛された風光明媚

西湖を横切るように走る白堤と蘇堤は、唐代の白居易と北宋代の蘇東坡という杭州に赴任してきた文人官吏の名前がつけられている。長安に都のあった唐代なかばまでは南方への赴任は左遷を意味したが、白居易は北方にない江南の山水を愛で、「未だ杭州を抛ち得て去るを能わず、一半の勾留は是れ此の湖」（『春題湖上』）と詠った。一方、北宋の蘇東坡は「西湖をもって西子に比せんと欲すれば、淡粧濃抹総て相宜し」（『飲湖上初晴後雨二首』）と西湖の美しさを中国四大美女の西施にたとえている。文人たちは船を浮かべたり、湖畔で宴

CHINA
浙江省

を開いたりして西湖に遊び、堤防や庭園を整備することで美しい景観を築いていった。

西湖十景と西湖新十景

「北は雅、西は幽玄、南は活気、東は街」と場所によってそれぞれ異なる表情を見せる西湖。杭州に都がおかれた南宋時代（1127～1279年）、文人たちの書画の題材となるとくに美しい西湖十景が選ばれた。また西湖十景にくわえて、新たに西湖新十景も設定されている。

Xihu 美しさ四季折々の西湖

西湖十景

1、**蘇堤春暁** 苏堤春晓（蘇堤で見る春景色）

2、**平湖秋月** 平湖秋月（湖面に映る秋の月）

3、**花港観魚** 花港观鱼（金魚池や花壇の様子）

4、**柳浪聞鶯** 柳浪闻莺（柳並木で聞く鶯の鳴き声）

5、**双峰挿雲** 双峰插云（ふたつの峰にたなびく雲の様子）

6、**三潭印月** 三潭印月（石灯籠と月光が湖面に映る様子）

7、**雷峰夕照** 雷峰夕照（雷峰塔の夕景）

8、**南屏晩鐘** 南屏晚钟（夕刻に鳴る浄慈寺の鐘）

9、**曲院風荷** 曲院风荷（蓮の花の香りただよう酒屋）

【MEMO】

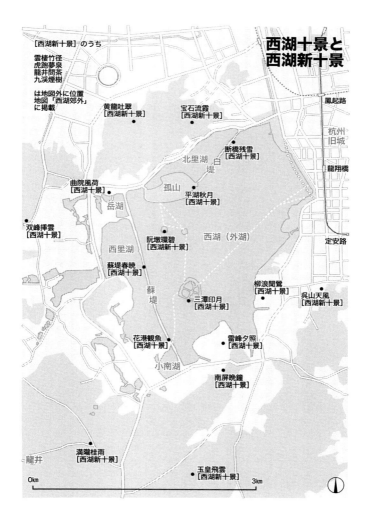

CHINA
浙江省

10、断橋残雪 断桥残雪（外湖と北里湖を結ぶ断橋に残る雪）

西湖新十景

1、雲棲竹径 云栖竹径（五雲山の竹林）
2、満隴桂雨 满陇桂雨（満隴村に降るキンモクセイの雨）
3、虎跑夢泉 虎跑梦泉（虎跑泉に湧く清浄な水）
4、龍井問茶 龙井问茶（龍井で飲む茶）
5、九溪煙樹 九溪烟树（霧の森を蛇行する9つの渓）
6、呉山天風 吴山天风（呉山に吹く天からの風）
7、阮墩環碧 阮墩环碧（西湖に浮かぶ阮公墩の緑）

8、**黄龍吐翠** 黄龙吐翠（黄竜の吐き出す泉）

9、**玉皇飛雲** 玉皇飞云（玉皇山に流れる雲）

10、**宝石流霞** 宝石流霞（朝夕の太陽が染めあげる宝石山）

【地図】西湖

【地図】西湖の [★★★]
- ☐ 西湖 西湖シイフウ
- ☐ 岳王廟 岳王庙ユエワンミィャオ
- ☐ 龍井 [西湖新十景] 龙井ロンジン

【地図】西湖の [★★☆]
- ☐ 白堤 白堤バイディイ
- ☐ 保俶塔 [西湖新十景] 保俶塔バオチュウタア
- ☐ 杭州黄龍洞円縁民俗園 [西湖新十景] 黄龙洞圆缘民俗园 フゥアンロンドンユゥエンユゥエンミンスウユゥエン
- ☐ 孤山 孤山グウシャン
- ☐ 浙江省博物館 浙江博物馆 チャアジィアンボオウグゥアン
- ☐ 蘇堤 苏堤スウディイ
- ☐ 三潭印月 [西湖十景] 三潭印月サンタンインユエ
- ☐ 雷峰塔 雷峰塔レイフォンタア
- ☐ 浄慈寺 净慈寺ジンツウスウ
- ☐ 西湖天地 西湖天地シイフウティエンディイ

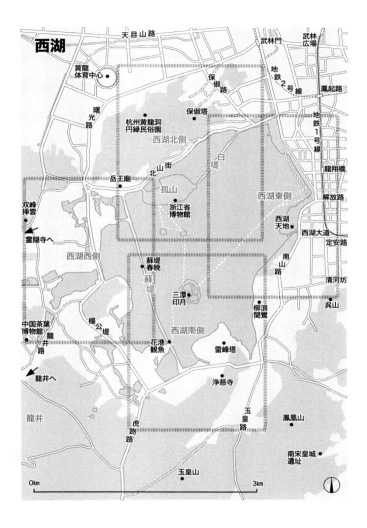

Xihu 美しさ四季折々の西湖

【地図】西湖

【地図】西湖の [★☆☆]
- [ ] 北山街 北山街ベイシャンジエ
- [ ] 蘇堤春暁 [西湖十景] 苏堤春晓 スウディイチュンシィアオ
- [ ] 双峰挿雲 [西湖十景] 双峰插云 シュゥアンフェンチャアユン
- [ ] 楊公堤 杨公堤ヤァンゴォンディイ
- [ ] 南山路 南山路ナンシャンルウ
- [ ] 柳浪聞鶯 [西湖十景] 柳浪闻莺リィウランウェンイン
- [ ] 中国茶葉博物館 中国茶叶博物馆 チョングゥオチャアイエボオウゥグゥアン

【MEMO】

【MEMO】

Guide,
Xi Hu Bei Fang
西湖北側
鑑賞案内

湖畔から伸びる白堤
保俶塔や杭州黄龍洞円縁民俗園
雅な彩りを見せる西湖の北側

断橋残雪 [西湖十景] 断桥残雪
duàn qiáo cán xuě ドゥアンチャオツァンシュエ ［★☆☆］
西湖のほとりから孤山に伸びる白堤の東端にかかる断橋。橋の中央に向かってゆったりとしたアーチを描き、「断橋残雪（断橋に残る雪）」は西湖十景のひとつにあげられる。ここは南宋の杭州を舞台にした民間伝承『白蛇伝』のなかで、白蛇の精と許仙が出逢った場所としても知られる。

望湖楼 望湖楼 wàng hú lóu ワンフウロウ ［★☆☆］
西湖を見渡せる湖北東隅に立つ望湖楼。望湖楼は呉越の 967

【地図】西湖北側

【地図】西湖北側の [★★★]
- [ ] 西湖 西湖シイフウ
- [ ] 岳王廟 岳王庙ユエワンミィャオ

【地図】西湖北側の [★★☆]
- [ ] 白堤 白堤バイディイ
- [ ] 保俶塔 [西湖新十景] 保俶塔バオチュウタア
- [ ] 杭州黄龍洞円縁民俗園 [西湖新十景] 黄龙洞圆缘民俗园 フゥアンロンドンユュエンユュエンミンスウユュエン
- [ ] 孤山 孤山グウシャン
- [ ] 浙江省博物館 浙江博物馆 チャアジィアンボオウウグゥアン
- [ ] 西泠印社 西泠印社シィリンインシャア

【地図】西湖北側の [★☆☆]
- [ ] 断橋残雪 [西湖十景] 断桥残雪 ドゥアンチャオツァンシュエ
- [ ] 望湖楼 望湖楼ワンフウロウ
- [ ] 抱朴道院 抱朴道院バオプウダオユュエン
- [ ] 平湖秋月 [西湖十景] 平湖秋月ピンフウチィウユエ
- [ ] 北山街 北山街ベイシャンジエ

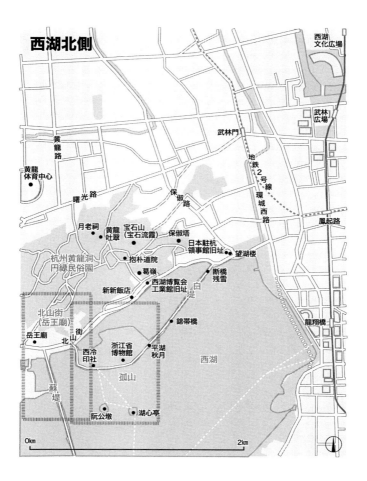

浙江省

年に建てられ、かつて西湖南の鳳凰山にあったが、この地で再建された。近くには戦前におかれていた日本駐杭領事館旧址も残る。

白堤 白堤 bái dī バイディイ ［★★☆］
唐代、杭州刺史をつとめた文人白居易（772～846年）にちなむ白堤。822年、杭州に赴任してきた白居易は、干ばつの続く状況を見て、農地の灌漑を進める治水事業を行なった。西湖の北側に石を積んで堤防を高くし、竹編みの水門を整備したと伝えられる（堤防を高くし、湖底を浚渫することで多

▲左　孤山に向かって伸びる白堤。　▲右　「断橋残雪」は西湖十景のひとつ

くの水を蓄え、水不足のときには西湖の水位を3cmさげるといった方法で、周囲に水を行き渡らせた）。この白居易の築いた堤防は西湖北東部にあったとされるが、今の白堤とは異なる。白堤は唐代以来、白沙堤の名前で知られ、杭州ゆかりの白居易と重ねあわせて見られるようになった。日本の岩国にある錦帯橋は、1673年、岩国藩第3代藩主吉川広嘉が、白堤にかかる錦帯橋を自らの領地に再現したものだという。

白居易（白楽天）と杭州

白居易は幼いころ、家族に連れられ、蘇州や杭州にやってき

CHINA
浙江省

て以来、江南の美しい山水に憧れを抱いていた。のちに科挙に合格し、822年にはじまる1年数か月の杭州時代のなかで、白居易は膨大な詩を残している（長らく文人統治が続いた中国では、宮仕えをした官吏は政治家であるとともに、書画を楽しむ文人であった）。白居易は太湖石（杭州では天竺石）の美しさを見出し、庭園におくことをはじめた人物でもある。白居易以降、太湖石は中国庭園にかかせないものとなり、自然に人の手を加えて景観をつくるといった中国庭園の流れに大きな影響をあたえた。白居易は西湖のほか、霊隠寺や天竺寺あたりを愛し、その景色を愛でたという。

抱朴道院 抱朴道院
bào pǔ dào yuàn バオプウダオユゥエン [★☆☆]

抱朴道院は黄龍洞、玉皇山福星観とならぶ西湖三大道院のひとつで、創建は晋代（265〜420年）にさかのぼる。東晋の方士葛洪、呂洞賓や東岳大帝がまつられ、長らく全真教の道教寺院だったが、清代に現在のかたちになり、その後、再建されて現在にいたる。葛洪はここで不老不死の金丹（仙薬）を調合したと伝えられ、その井戸も残っているほか、山上の初陽台は葛洪が日の出を観測した場所だという。また南宋時代に宰相賈似道の別荘がおかれていた経緯もある。

CHINA
浙江省

贅沢三昧をした南宋の宰相賈似道

モンゴル族の元(1260〜1368年)が華北をおさえ、杭州の南宋をうかがおうとしていた時代。南宋の宰相賈似道(1213〜75年)は毎日のように夜、西湖に船を出し、乱痴気騒ぎを繰り返した。西湖南東の宮廷にいる皇帝理宗は湖面が明るいのを見て、「また賈似道が遊んでいるな」と言い、翌日、尋ねるとその通りだった。賈似道は姉が皇帝の寵愛を受けたことで宮廷で権力をにぎり、一度はフビライ・ハンの軍を退却させた(実はこのときモンゴル軍と密約を結んだに過ぎなかった)。南宋では賈似道の名声が高まったが、やがてモン

▲左　西湖でとれた蓮の葉や実が取引されていた。　▲右　978年に建てられた保俶塔、美しい姿を見せる

ゴル軍を前にした賈似道はなすすべもなく、都杭州は陥落し、南宋は滅んだ。生前、賈似道は西湖北岸の葛嶺に広大な邸宅「集芳園」を構え、5日一度、西湖を船で横切って鳳凰山の宮中に出仕する生活をしていたという。

保俶塔 [西湖新十景] 保俶塔
bǎo chù tǎ バオチュウタア [★★☆]

西湖北側の宝石山にそびえ、湖をはさんで南側の雷峰塔と対峙するように西湖を彩る保俶塔。この塔は杭州に都をおいた五代十国の呉越国（907～978年）時代、呉越国が中原の宋

CHINA
浙江省

に併合されようとする、まさにそのときに創建された。978年、太祖の待つ宋の都開封におもむく呉越王銭弘俶の身のうえを案じた銭弘俶の叔父は、その無事の帰国を祈って「銭弘俶を保する塔」保俶塔を建立した（また宋代初期、叔という仏教僧によるものだともいう）。何度か再建されて現在にいたるが、「美人の如く秋色人を悩ます」と言われる細く女性的な七層レンガのたたずまいを見せている（北側の保俶塔を若い女性に、南側の雷峰塔を男性に見なす）。あたりは朝夕の陽が宝石山を染めあげる西湖新十景の「宝石流霞」にも選ばれている。

西湖北側鑑賞案内 Xihu

杭州黄龍洞円縁民俗園 ［西湖新十景］黄龙洞圆缘民俗园
huáng lóng dòng yuán yuán mín sú yuán
フゥアンロンドンユゥエンユゥエンミンスウユゥエン［★★☆］

西湖北側に広がる緑、丘陵、洞窟といった豊かな自然のなかに展開する杭州黄龍洞円縁民俗園（1995年、開園）。南宋時代の民家や建物が再現され、浙江省に伝わる伝統的な越劇も上演されている。このテーマパークは男女や仕事、子どもなどの「縁」を主題とし、「縁結びの神」月下老人をまつった月老祠、西湖新十景の「黄龍吐翠」が位置する。また周囲には、神仙思想と結びついた西湖群洞も点在し、とくに黄龍洞は葛

CHINA
浙江省

嶺抱朴道院、玉皇山福星観とならぶ西湖三大道院と呼ばれていた。そのほかにもこうもりの生息する蝙蝠洞、全長100m、龍の棲むという紫雲洞などが見られ、このあたりは杭州の仏教、道教拠点でもあった。

【MEMO】

CHINA
浙江省

Guide, Gu Shan
孤山鑑賞案内

孤山は南巡してきた北京の皇帝が行宮をおいたところ
杭州料理の老舗楼外楼や
文人たちに親しまれてきた西冷印社も位置する

孤山 孤山 gū shān グウシャン ［★★☆］

孤山は西湖が形成される前からここに浮かんでいた島で、現在は西湖の北側にあり、白堤で湖畔と結ばれている。唐代、神仙の暮らす「仙境蓬莱の地」と見られるようになり、西湖のなかでも最高の場所と考えられてきた。唐代の白居易、北宋代の蘇東坡、林和靖といった文人、清朝の康熙帝や乾隆帝といった皇帝が孤山の風光を愛でて、ここに滞在した。標高38mの小高い孤山の南面には皇帝の行宮、文瀾閣、また浙江省博物館、西冷印社などが位置する。

【地図】孤山

【地図】孤山の [★★★]
- [ ] 西湖 西湖シイフウ

【地図】孤山の [★★☆]
- [ ] 孤山 孤山グウシャン
- [ ] 浙江省博物館 浙江博物館チャアジィアンボオウウグゥアン
- [ ] 西泠印社 西泠印社シィリンインシャア
- [ ] 白堤 白堤バイディイ

【地図】孤山の [★☆☆]
- [ ] 平湖秋月 [西湖十景] 平湖秋月ピンフウチィウユエ
- [ ] 白蘇二公祠 白苏二公祠バイスウアァゴンツウ
- [ ] 文瀾閣 文澜阁ウェンランガァ
- [ ] 中山公園 中山公园チョンシャンゴンユゥエン
- [ ] 楼外楼 楼外楼ロウワイロウ
- [ ] 放鶴亭 放鹤亭ファンハアティン
- [ ] 林浄因記念碑 林浄因纪念碑 リンジンインジイニィエンベイ
- [ ] 兪楼 兪楼ユウロウ
- [ ] 秋瑾墓 秋瑾墓チィウジンムウ
- [ ] 北山街 北山街ベイシャンジエ

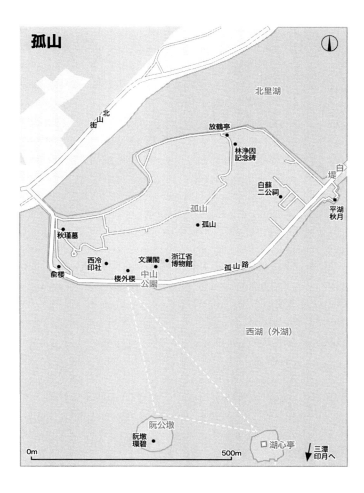

浙江省

平湖秋月 ［西湖十景］平湖秋月
píng hú qiū yuè ピンフウチィウユエ ［★☆☆］

「平湖秋月」は、孤山の東端に位置する西湖十景のひとつ。西湖の湖面に姿を映す秋の月をたたえたもので、石碑の文字は清朝第6代乾隆帝による。中国では中秋節（旧暦8月15日）に月を眺めながら、月餅を食べる習慣があり、「平湖秋月」は「三潭印月」とともに西湖を代表する月の見どころとなっている。

▲左　南巡した清朝第6代乾隆帝による朱文字。　▲右　西湖でもっとも景勝地が集まる孤山

白蘇二公祠 白苏二公祠
bái sū èr gōng cí バイスウアァゴンツウ ［★☆☆］

杭州刺史をつとめた唐代の白居易（772〜846年）と北宋代の蘇東坡（1036〜1101年）をまつった白蘇二公祠。両者は西湖を詩に詠い、また治水につとめ、それぞれ西湖の土砂を浚渫してつくられた白堤と蘇堤でその名を残してる（西湖湖畔には、古くから中国を代表する文人で、杭州にゆかりある白居易、林和靖、蘇東坡をまつる三賢堂がおかれていた）。白壁に黒屋根瓦という江南様式の堂々とした門構えを見せる。

浙江省

浙江省博物館 浙江博物馆 zhè jiāng bó wù guǎn
チャアジィアンボオウウグゥアン ［★★☆］

清朝皇帝の行宮跡に立つ浙江省博物館。1929年、西湖博覧会が開かれ、その後、浙江省西湖博物館として開館した（西湖博覧会は、中国で2番目に早く開かれた博覧会で、工業、芸術、農業、教育などの分野があつかわれた）。「越地長歌」「錢江潮」「意匠生輝」「青瓷擷英」といった杭州や浙江に由来するテーマに沿った展示が見られ、貴重な品々を収蔵する。杭州近郊の河姆渡遺跡から出土した土器、良渚遺跡から出土した玉器や絹織物、また呉越や南宋時代に世界最高度に洗練さ

Xihu 孤山鑑賞案内

▲左　1929年に創建された浙江省博物館。　▲右　ヨーロッパやイスラムの人びとも求めた陶磁器が展示されている

れた陶器や磁器、雷峰塔から発掘された呉越時代の経典、中国絵画の傑作『富春山居図』の巻頭部などが有名。またこの浙江省博物館の外観は、切妻屋根に屋根瓦を載せた中国の伝統的な楼閣建築となっている。

中国芸術を代表する山水画

山や水の美を墨と筆を使って描き、精神性までを表現する山水画。豊かな自然あふれる江南に、漢族が南遷した六朝時代（3〜6世紀）から発達し、中国芸術の代表格となっている。華北と違って山や川、湖など変化に富んだ江南の地形が描かれ、

CHINA
浙江省

こうした伝統をふまえて、杭州に都をおいた南宋の宮廷画家たちは西湖を書画にしたためていった。南宋宮廷画家の伝統は、元や明に受け継がれ、戴進などの浙派（浙江出身者たち）が北京の宮廷で活躍した。浙派の荒々しい筆使い、躍動感は遣明使として中国を訪れた雪舟（1420〜1506年）にも影響をあたえ、そこから雪舟の画風を大成させることになった（雪舟は西湖を描いている）。

文瀾閣 文澜阁 wén lán gé ウェンランガァ ［★☆☆］
清朝最盛期に乾隆帝（在位1735〜95年）が編纂させた『四

Xihu 孤山鑑賞案内

▲左 『四庫全書』をおさめる図書館だった文瀾閣。　▲右　龍は皇帝を意味する、北京の皇帝は文化の力で江南支配を試みた

庫全書』をおさめた文瀾閣。中国古今東西の書物を体系化し、編纂したもので、10年の月日をかけて1781年に完成した。この『四庫全書』は文淵閣（北京故宮）、文源閣（北京円明園）、文津閣（熱河避暑山荘）、文溯閣（瀋陽）の内廷四閣に、その写本が文匯閣（揚州大観堂）、文宗閣（鎮江金山寺）、文瀾閣（杭州聖因寺）の江南三閣に安置された。杭州の文瀾閣は太平天国の乱（1851〜64年）で焼失したが、浙江省巡撫譚鐘麟が再建し、その後、現在の場所へ遷された。中国に現存する最古の図書館天一閣（寧波）の建築が参考にされている。

CHINA
浙江省

中山公園 中山公园
zhōng shān gōng yuán チョンシャンゴンユゥエン[★☆☆]
中山公園は、南巡してきた清朝皇帝が行宮を構えた、西湖でもっとも風光明媚な場所。北京の皇帝は江南の豊かな食や文化を欲し、またこの地の民や街を視察する目的があった。1689年、第4代康熙帝の最初の南巡にあたって、京杭大運河から杭州旧城、西湖へ船で入れるよう、運河が整備された（質素倹約で知られた康熙帝は虎跑泉の水を味わったものの、西湖で派手に遊ぶようなことはせず、免税や貧者へのほどこしを行なった）。その後、第5代雍正帝はこの場所に聖因寺

をおき、続く乾隆帝は六度の南巡のなかでいずれも杭州を訪れている。清朝時代、孤山南側に広がるこの地は御花園と呼ばれていたが、中華民国成立後の1927年に孫文（孫中山）の名前を冠した中山公園となった。

楼外楼 楼外楼 lóu wài lóu ロウワイロウ ［★☆☆］
楼外楼は杭州を代表する老舗料理店で、清朝道光帝時代の1848年創建以来、150年以上の伝統をもつ。楼外楼という店舗名は、南宋林升の「山外の青山、楼外の楼、西湖の歌舞、幾時か休まん」という詩からとられている。孫文や蒋介石、

CHINA
浙江省

魯迅、芥川龍之介など、数々の文人や著名人に愛され、西湖の景色を背景に杭州料理がふるまわれてきた(たとえば、朝早く西湖からとってきた魚をそのまま竹のかごに入れて湖に沈めておき、注文が入るとそれをさばいて新鮮なまま出した)。1949年、国共内戦に敗れた蒋介石は、台湾に渡る直前、楼外楼で「西湖醋魚」を食べ、中国大陸から去っていったという。この楼外楼のほか、山外山、天外天といった杭州料理の老舗がある。

▲左 「豚の角煮」東坡肉、日本人にも親しみ深い。　▲右　杭州料理の名店、芥川龍之介も訪れた楼外楼

この地で育まれた杭州料理

魚米の郷と言われる豊かな江南の風土でとれた材料をあっさりとした味つけで調理する杭州料理。西湖の草をえさとする白身魚の甘酢あんかけ「西湖醋魚」、杭州のじゅんさいを使ったスープの「西湖蓴菜湯」、蝦と龍井茶芽を使った甘酸っぱい「龍井蝦仁」、こじきどりの醤油づけ「杭州醤鴨」、熟成させた中国式のハム「火腿」といった杭州料理が知られる。また杭州刺史をつとめた北宋の蘇東坡は毒をもつふぐを愛し、「その味は死に値する（也値一死）」と述べ、のちに杭州に都があった南宋時代、ふぐを食べる習慣ができたという（それ

CHINA
浙江省

以前の隋、唐、北宋の都は華北にあり、人々は羊肉や豚肉を食べ、乳製品を飲んだ。一方で南方の人は活魚を食べ、茶を飲んだ)。こうした豊かな伝統をもつ杭州料理は、蘇州料理とともに上海料理のもととなった。

蘇東坡が発明した東坡肉

角切りにした豚の三枚肉を弱火で蒸し、生姜、ネギ、紹興酒、醤油、砂糖で味つける東坡肉。「豚の角煮」東坡肉は、北宋の官吏蘇東坡（1036〜1101年）が発明したことからその名がつけられた（「蘇東坡の肉料理」）。蘇東坡が湖北省黄州に

赴任したとき、当地の人々は鮮魚を愛し、値段が泥土のように安い豚肉を、金持ちは見向きもせず、民衆は調理方法を知らなかった。そこで蘇東坡は自らこの料理をつくって人々にふるまったという（『豚肉の頌』）。また蘇東坡二度目の杭州赴任にあたって、杭州は災害に見舞われ、人々は飢饉に苦しんでいた。蘇東坡は西湖を浚渫し、蘇堤を建造する公共事業を行なうことで人々に仕事をあたえた。感謝した杭州の人々は、年末、蘇東坡に大量の豚肉と酒を送ったが、新春、蘇東坡はそれを自ら調理して工事にたずさわった人にわけあたえたという。

CHINA
浙江省

西冷印社 西泠印社
xī líng yìn shè シィリンインシャア [★★☆]

孤山西部の小さな丘陵に立つ西冷印社は、清朝末期の1904年に創建された文人たちの学術集団。杭州には、宋代から「天下印書以杭州為上（天下の印書は杭州を最上とする）」と言われるほど書画や文房四宝の伝統があり、明清時代を通じて浙派や西冷八家といった文人たちを輩出してきた。こうしたなか、西冷印社は杭州近郊の浙江省安吉に生まれ、近代中国を代表する文人画家の呉昌碩（1844～1927年）を社長とし、多くの文人の賛同のもと、書画や印章、篆書の保存や研究ま

Xihu 孤山鑑賞案内

▲左　文人たちが集まった西冷印社。　▲右　印章は読書人の人となりそのものを示したという

た出版が行なわれた。西冷印社は「天下第一名社」と呼ばれ、文人たちの集まるサロンとなっていて、そのなかには日本人の姿もあった。

文字と印鑑

漢字の歴史は紀元前15世紀ごろにさかのぼり、現在、使われている隷書や楷書のもとになった古代の漢字を篆書と呼ぶ（秦の始皇帝が象形文字に近い篆書を簡略化し、文字を統一して隷書を定めた）。中国では隋代以降、科挙を突破した文人による統治が長らく続いたことから、文字や古典の教養が

CHINA
浙江省

重視され、書画のたしなみは文人にとってかかせないものとなっていた。また書画や古典の教養とともに、宋代以降は筆、硯、紙、墨など文房四宝も洗練され、それらをもつことは文人のステータスを意味した。西冷印社であつかう篆刻は象牙、犀角、水晶、瑪瑙などを印材とし、そこに篆書体で印字する総合芸術だった。

放鶴亭 放鹤亭 fàng hè tíng ファンハアティン ［★☆☆］
放鶴亭は宋代の詩人林和靖（967〜1028年）が世俗との関係をたって庵を結び、愛する梅や鶴の詩を詠んだ場所。杭州

Xihu 孤山鑑賞案内

出身の林和靖は宮仕えせず、1005年に孤山に隠居してから、杭州市街を訪れることはなかった。林和靖は西湖に船を浮かべ、梅を妻に、鶴を子とし、生涯結婚することなく質素な生活を送った。こうした林和靖の詩や姿勢は、禅文化を通じて南宋から日本へ伝わり、鎌倉時代の禅僧たちにも共感されたという。放鶴亭は元代に建てられたのち、重修を繰り返し、とくに清朝の康熙帝が整備したことで知られる。林和靖は、白居易、蘇東坡とともに杭州を代表する文人にあげられる。

CHINA
浙江省

林浄因記念碑 林净因纪念碑
lín jìng yīn jì niàn bēi リンジンインジイニィエンベイ[★☆☆]
杭州人林浄因は、龍山禅師（のちの京都建仁寺35世）が中国に渡航していたときの弟子で、禅師の帰国とともに室町時代の1349年に来日した。林浄因は中国ゆかりの点心から、日本人の口にあわせた饅頭をつくり、やがて京都の宮廷に献上されるようになった。これが饅頭の老舗「塩瀬」のはじまりで、林浄因はその祖とされる（饅頭のはじまりは1241年、南宋から帰国した円爾弁円が博多の茶店虎屋に製法を授けたことによるという）。1986年、柳浪聞鴬に記念碑が建てられたのち、現在の場所へ遷された。

▲左　辛亥革命以前に活動した女性革命家の秋瑾。　▲右　皇族たちの衣装を着て撮影できる

兪楼 俞楼 yú lóu ユウロウ　[★☆☆]

清朝末期の学者阮元（1764〜1849年）が創建した詁経精舎を前身とする兪楼。のちに浙江省徳清県出身の学者兪樾（1821〜1906年）が暮らしたことから兪楼と呼ばれるようになった。兪樾は科挙に合格して宮廷に仕えたが、やがて下野し、蘇州、杭州、上海などで門下の指導にあたった。門下のなかには西湖湖畔に墓の残る章炳麟がいる（章炳麟は孫文らとともに、辛亥革命に影響をあたえた）。現在は兪樾の号をとった兪曲園記念館として開館している。

浙江省

秋瑾墓 秋瑾墓 qiū jǐn mù チィウジンムウ ［★☆☆］

西湖湖畔の孤山西端に残る女性革命家をまつる秋瑾墓。秋瑾（1875 ～ 1907 年）は官僚秋家の娘として浙江省紹興に育ち、明治維新で近代化を成功させた日本に留学した（和服姿で日本刀をもった秋瑾の姿が知られる）。立場が弱く、父兄、夫、子に従う「三従」が強いられていた当時の中国女性にあって、男女平等をかかげ、杭州などを拠点に革命活動を行なった。しかし、蜂起の計画が清朝側にもれ、秋瑾は辛亥革命数年前の 1907 年に紹興で処刑された。生前、秋瑾は異民族と戦った岳飛と自らを重ねあわせ、「死後、西湖の湖畔に葬られたい」

と述べていたことから、この地に埋葬されることになった。高さ 2.7m の秋瑾像が立ち、秋瑾が死にあたって口にした「秋雨秋風愁殺人」の文言が刻まれている。

Guide,
Yue Wan Miao
岳王廟
鑑賞案内

西湖の湖畔に立つ岳王廟
亡国の危機にひとり気を吐いた
南宋初期の国民的英雄岳飛が眠る

岳王廟 岳王庙 yuè wáng miào ユエワンミィャオ ［★★★］
華北を異民族の金に占領された時代、故国奪還をかかげて戦った「救国の英雄」岳飛（1103〜1141年）をまつった岳王廟。1127年、異民族に都開封を追われた宋王朝は南に逃れ、杭州で南宋が樹立され、武将岳飛は獅子奮迅の働きを見せていた。こうしたなか南宋の宰相秦檜は金と和議を結ぶことを模索し、前線の岳飛に撤退命令を出した。あくまで抗戦を唱え、兵法や学問に通じて人望も厚かった岳飛の存在は秦檜にとって目ざわりとなり、結局、岳飛は毒殺されてしまった。宰相秦檜の死後、無実の罪を着せられて39歳でなくなった

【地図】北山街（岳王廟）

【地図】北山街（岳王廟）の [★★★]
- ☐ 西湖 西湖シイフウ
- ☐ 岳王廟 岳王庙ユエワンミィャオ

【地図】北山街（岳王廟）の [★★☆]
- ☐ 孤山 孤山グウシャン
- ☐ 西泠印社 西泠印社シィリンインシャア
- ☐ 蘇堤 苏堤スウディイ

【地図】北山街（岳王廟）の [★☆☆]
- ☐ 北山街 北山街ベイシャンジエ
- ☐ 曲院風荷 [西湖十景] 曲院风荷 チュウユュエンフェンハア
- ☐ 印象西湖 印象西湖インシィアンシイフウ
- ☐ 秋瑾墓 秋瑾墓チィウジンムウ
- ☐ 楊公堤 杨公堤ヤァンゴォンディイ

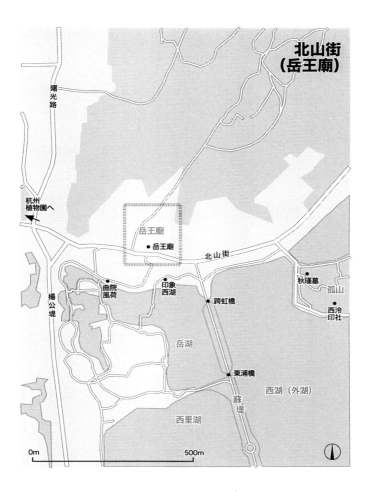

【地図】岳王廟の [★★★]
- [ ] 岳王廟 岳王庙 ユエワンミィャオ

CHINA
浙江省

岳王廟

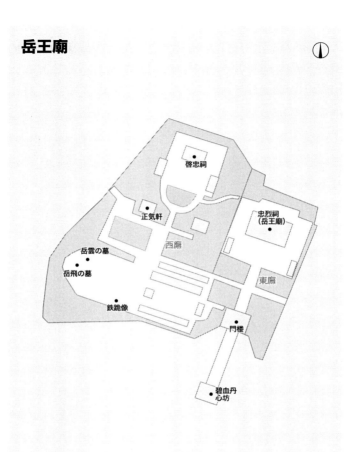

Xihu ｜ 岳王廟鑑賞案内

CHINA
浙江省

岳飛の信仰が高まり、1163年、南宋第2代孝宗が即位すると岳飛の名誉は回復された（岳飛の遺体は牢獄の役人がひそかに運び出して埋めていた）。現在の岳飛廟は1221年に建てられたもので、その後、いくども再建を繰り返し、文革のときに破壊されたのち1979年に再建され、現在にいたる。

岳王廟の構成

岳王廟は東側の岳飛の廟（忠烈祠）と、西側の墓域というふたつの区域からなる。祖霊をまつり、岳飛の位牌を安置する廟には、高さ4.5mの巨大な岳飛像、「還我河山（山河を我

Xihu 岳王廟鑑賞案内

▲左 「民忠報国」最後まで祖国のために戦った岳飛。　▲右　多くの中国人が岳飛をまつった岳王廟に訪れる

に返せ)」の額が見える。一方、西側には土饅頭のような半円形の岳飛の墓、岳飛の子の岳雲の墓、正気軒、啓忠祠などが展開する（岳飛の長男岳雲は処刑、一族は広東に流罪にされたのちに許された)。また「漢奸（売国奴)」とされ、手をしばられてひざまずいた秦檜の鉄跪像が見られる。秦檜のほか、その妻王氏、張俊、万俟卨の４人の像があり、かつては悪人の象徴とされたこれらの鉄跪像に人びとがつばを吐き、侮辱するといった光景が見られた。岳飛は中国で異民族の侵攻を受けるたびにとりあげられ、史実以上に「忠臣」「英雄」につくりあげられてきた側面もある。たとえば岳飛の背中に

CHINA
浙江省

は「民忠報国」の文字が彫りこんであったと言われるが、宋代、軍人の逃亡をふせぐために、武人は入れ墨をする習慣があったのだという。

主戦派と和平派

国難に立ちあがった「英雄」とあがめられる岳飛と、「売国奴」とさげすまれてきた秦檜。南宋の都杭州では、金と戦って華北を奪還するという武人岳飛や官吏陸游などの主戦派と、現実路線を唱えた宰相秦檜を中心とする和平派にわかれていた（南宋皇室は、紹興、福建沿岸などに逃れ、南京と迷ったう

▲左　岳王廟西側の墓エリア、奥に饅頭型の岳飛の墓が見える。　▲右　辱めを受けている秦檜と妻の王氏の鉄跪像

えで杭州に仮の居場所「行在」をおいた)。岳飛は「岳家軍」として金から恐れられ、開封にせまる勢いだったが、宰相秦檜には自軍が優勢な状態で優位な和議を結ぼうという意図があった。結果、宋の都開封が陥落してから18年後の1142年、「淮水を両国の境とする」「宋は金に臣下の礼をとる」「宋は銀25万両、絹25万匹を毎年、金に貢納する」という南宋からすれば屈辱的な和議が結ばれた。また貢納品は莫大な量だったが、隋唐以来、江南の物資を大運河を通じて北方に送るという構図があったため、実質的に江南の経済力を背景にした南宋は北宋をしのぐ繁栄を見せた。

CHINA
浙江省

秦檜とは

1127年、金によって都開封が陥落し、徽宗、欽宗らの皇帝はじめ、官僚らは北方に連れ去られてしまった。こうしたなか1130年、最初に南宋に返されたのが秦檜で、北方の事情を知る秦檜は南宋の高宗に「天下の無事を望まれれば、北は北、南は南」と述べた（少数民族の金が文化水準の高い漢族を完全に統治することは難しく、金の和平派ダランが意図的に和平派の秦檜を南宋に返した）。一方、南宋の高宗も、徽宗、欽宗らが帰国すると自身の立場が悪くなることから、和平へとかたむいていった。和平を実現させ、淮東の韓世忠、淮西

の張俊ら武将を中央の統制下におき、湖北の岳飛の力をそいだ秦檜の政治家としての評価は低くない。秦檜は抵抗勢力を粛清し、杭州の一等地に「快楽仙宮」と呼ばれた豪邸を構え、1155年になくなるまで強い権力をもち続けた。

北山街 北山街 běi shān jiē ベイシャンジエ ［★☆☆］

岳王廟の前方、西湖の北側を東西に走る北山街。緑豊かな美しい通りで、仏教や道教の寺院も位置する風景名勝地区となっている。また西湖博覧会工業館旧址（杭州で開かれた博覧会）、新新飯店西楼など20世紀初頭に建てられた近

CHINA
浙江省

代建築も残る。

曲院風荷 ［西湖十景］ 曲院风荷
qū yuàn fēng hé チュウユゥエンフェンハア ［★☆☆］
西湖十景のひとつにあげられる「曲院風荷」。南宋時代、このあたりには宮廷のための酒造場「曲院」があり、酒とともに、夏、西湖に咲く蓮の花の香る様子が文人たちに愛された。

▲左　西湖十景のひとつ曲院風荷。　▲右　緑あふれる美しい通りが続く北山街

印象西湖 印象西湖
yìn xiàng xī hú インシィアンシイフウ ［★☆☆］

西湖の夜に繰り広げられる壮大な舞台「印象西湖」。杭州に伝わる歴史や民間伝承を再構成した物語で、「相見」「相愛」「離別」「追憶」「印象」の5幕からなる。総監督をチャン・イーモウが手がけ、美しい衣装をまとった役者、踊りや演技、水や船を使った仕掛け、湖面に映る光、音楽などが展開する。

Guide,
Xi Hu Xi Fang
西湖西側
鑑賞案内

6つの美しい橋がかかり
西湖西側を南北に結ぶ蘇堤
さらにその外側には楊公堤が走る

蘇堤 苏堤 sū dī スウディイ ［★★☆］

西湖を縦断し、跨虹橋、東浦橋、圧隄橋、望山橋、鎖瀾橋、映波橋という6つの橋がかかる全長2.8kmの蘇堤。蘇堤という名前は、四川の眉山に生まれ、1071年（36歳のとき）と1089年（52歳のとき）の二度、杭州に赴任した蘇東坡にちなむ。蘇東坡二度目の杭州赴任のとき、杭州は干ばつに襲われ、西湖の水は枯れていた。蘇東坡は西湖の泥土を浚渫し、その泥で堤防を築いて柳を植えるなど、西湖の治水と美しい景観づくり双方の目的で蘇堤は造営された。この時代、蘇東坡は水路や井戸を整備したほか、杭州衆安橋に公立病院を創

【地図】西湖西側

【地図】西湖西側の [★★★]
- ☐ 岳王廟 岳王庙ユエワンミィャオ
- ☐ 西湖 西湖シイフウ

【地図】西湖西側の [★★☆]
- ☐ 蘇堤 苏堤スウディイ
- ☐ 孤山 孤山グウシャン

【地図】西湖西側の [★☆☆]
- ☐ 蘇堤春暁 [西湖十景] 苏堤春晓スウディイチュンシィアオ
- ☐ 双峰挿雲 [西湖十景] 双峰插云シュゥアンフェンチャアユン
- ☐ 杭州植物園（玉泉）杭州植物园
  ハァンチョウチイウウユゥエン
- ☐ 楊公堤 杨公堤ヤァンゴォンディイ
- ☐ 汾陽別墅 汾阳别墅フェンヤンビエシュウ
- ☐ 西湖国賓館 西湖国宾馆シイフウグゥオビングゥアン
- ☐ 高麗寺 高丽寺ガオリイスウ
- ☐ 北山街 北山街ベイシャンジエ
- ☐ 曲院風荷 [西湖十景] 曲院风荷チュウユゥエンフェンハア
- ☐ 印象西湖 印象西湖インシィアンシイフウ
- ☐ 中国茶葉博物館 中国茶叶博物馆
  チョングゥオチャアイエボオウゥグゥアン

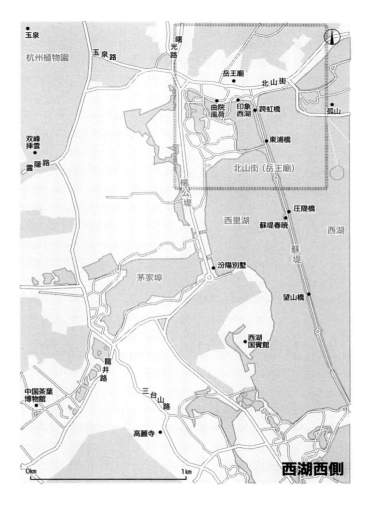

設し、積極的な公共福祉事業を行なっている。また二度の杭州時代のなかで、蘇東坡は『西湖天下景』を詠むなど、白居易とともに杭州の人々に親しまれ、その書画や『論語』『易経』の研究で中国を代表する文人にあげられる。

蘇東坡と王安石

蘇東坡（1036〜1101年）が官吏をつとめた北宋時代、朝廷では新法党と旧法党がはげしい争いを繰り広げていた。新法党の王安石（1021〜86年）は「朝廷が青苗を貸しつけて農民を貨幣経済にくみ込む」といった大胆な改革を行なった（一

▲左　西湖をわけるように伸びる蘇堤。　▲右　アーチを描く橋、蘇堤には6つの橋がかかる

方で支払いのできなくなった農民が農地を捨てるといったことも起こった）。旧法党の蘇東坡は、新法党の政策を攻撃したことから、たびたび左遷の憂き目にあい、蘇東坡は地方を転々とすることになった。ついに蘇東坡は海南島に追放されたが、新法党の政策は北宋滅亡の要因と見られ、南宋時代に蘇東坡の評価は高まった。地方を転々とした生活のなかで蘇東坡は、自らが考えた料理「東坡肉」を人びとにふるまったり、蘇堤を築くなどしている。

Xihu｜西湖西側鑑賞案内

CHINA
浙江省

蘇堤春暁 [西湖十景] 苏堤春晓
sū dī chūn xiǎo スウディイチュンシィアオ [★☆☆]
蘇堤から春景色を堪能する「蘇堤春暁」。柳と柳のあいだに見える桃の姿は、西湖十景のなかでも広く知られている。

双峰挿雲 [西湖十景] 双峰插云
shuāng fēng chā yún シュゥアンフェンチャアユン [★☆☆]
「双峰挿雲」の双峰とは西湖湖畔の西側にそびえる北高峰、南高峰のこと。このふたつの峰のあいだにかかる雲の様子が西湖十景に選ばれている。

西湖西側鑑賞案内

杭州植物園(玉泉) 杭州植物园
háng zhōu zhí wù yuán ハァンチョウチイウウユュエン[★☆☆]
霊隠山から玉泉にかけて広がる風光明媚な丘陵に展開する杭州植物園。つつじやキンモクセイはじめ3000種もの植物が栽培され、茶園や竹林も見られる(なかには日本やアメリカ、フランスなど各国から送られた植物もある)。この杭州植物園の敷地内には、龍井泉、虎跑泉とならぶ西湖三大名泉のひとつ玉泉がわいているほか、杭州料理の老舗、山外山も位置する。1956年に開園した。

CHINA
浙江省

楊公堤 杨公堤 yáng gōng dī ヤァンゴォンディイ ［★☆☆］

蘇堤のさらに外側（西側）を南北に走る楊公堤。1508年、明代の官吏楊孟瑛が西湖を浚渫して築いたもので、白堤、蘇堤ともくらべられる。楊公堤の全長は3.4kmになり、蘇堤に対応するように6つの橋がかかる。また西湖の環境保全の目的もあって、楊公堤の西側でも水生植物の栽培される、美しい湖が見られるようになった（唐代、西湖は今よりはるかに大きな湖だったという）。

▲左　湖面に繁茂する蓮の花。　▲右　かわいらしい女の子「文明有礼杭州人」の文言も見える

汾陽別墅 汾阳别墅 fén yáng bié shù フェンヤンビエシュウ[★☆☆]

蘇堤と楊公堤のあいだに広がる西里湖をのぞむように立つ汾陽別墅。清代の絹商人、宋瑞甫が建てた邸宅を前身とし、のちに郭家のものとなったことから郭園の名でも知られてきた。

西湖国賓館 西湖国宾馆
xī hú guó bīn guǎn シイフウグゥオビングゥアン [★☆☆]

西湖に浮かぶようなたたずまいを見せる西湖国賓館。水と竹林を配した美しい庭園は、「水竹居」の愛称で知られ、杭州を代表する名園にもあげられる。清末に生き、同郷の孫文を

CHINA
浙江省

財政的に支援した劉学詢(1855〜1935年)の邸宅があったことから劉荘とも呼ばれている。

高麗寺 高丽寺 gāo lí sì ガオリイスウ ［★☆☆］
西湖西部の赤山に伽藍が展開する高麗寺。呉越国時代の927年に建てられ、その名の通り高麗(朝鮮)の王子ゆかりの寺として知られていた(皇帝から勅額をもらっていない非勅額寺だった)。明清時代、このあたりに蘇東坡の像があったと伝えられ、1996年、実際に像が発見された。その蘇東坡の像(花家山蘇軾像)は高麗寺近くの花家山荘に立つ。

**Guide,
San Tan Yin Yue**

三潭印月
鑑賞案内

西湖の象徴とも言える三潭印月
その姿は神仙の棲む三神山とも
重ねあわされてきた

西湖に浮かぶ島［西湖新十景］

中国では古くから神仙思想があり、海上（湖上）に浮かぶ島は、仙人の暮らす理想郷と見られてきた。西湖十景のひとつ「三潭印月」の小瀛洲、明代の1552年に建てられた湖心亭、清代の1800年、阮元が浚渫してつくった阮公墩（「阮墩環碧」は西湖新十景）が浮かぶ。これら西湖の湖上に浮かぶ3つの島と、不老不死の薬があると信じられる蓬莱、方丈、瀛洲という三神山は同一視されている（始皇帝が不老不死の薬を求めて徐福を派遣したのは東の彼方にある蓬莱山。また漢の長安城の太液池にも三神仙を模したものがあったという）。

【地図】三潭印月

【地図】三潭印月の [★★★]
- □ 西湖 西湖シイフウ

【地図】三潭印月の [★★☆]
- □ 小瀛洲（三潭印月）小瀛洲シャオインチョウ
- □ 三潭印月 [西湖十景] 三潭印月サンタンインユエ

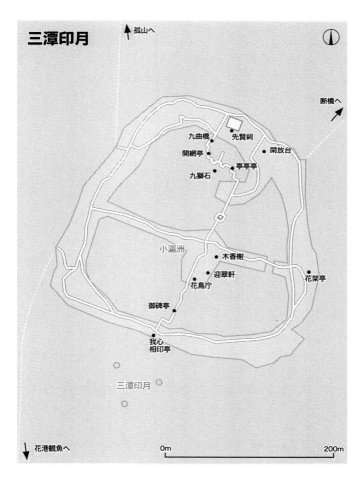

浙江省

小瀛洲（三潭印月）小瀛洲
xiǎo yíng zhōu シャオインチョウ ［★★☆］

西湖の中央南寄りに浮かび、永遠の仙境にたとえられる小瀛洲。湖のなかの島に「田」の字型をした湖があり、「湖中の湖」と言われる水上庭園となっている。古くは杭州に都をおいた呉越国時代（907～978年）創建の水心保寧寺があったところで、現在の小瀛洲は明代の1607年、西湖を浚渫して整備されたもの。その後の1727年にかけられた「九曲橋」、異なる書体の額が見える「亭亭亭」、康熙帝による三潭印月の書が見える「御碑亭」などが整備された。この島の南側に浮か

▲左　西湖中央に浮かぶ三潭印月。　▲右　「阮墩環碧」島々は神仙の棲む世界にたとえられた

ぶ三潭印月をとって、島全体が三潭印月とも通称される。

三潭印月 ［西湖十景］ 三潭印月
sān tán yìn yuè サンタンインユエ ［★★☆］

「三潭印月」は西湖のもっとも深くところに立つという3つの石灯籠。蘇東坡（1036～1101年）が建てたのをはじまりとし、現在の灯籠は明代の1621年におかれた（蘇東坡は西湖の泥を浚渫し、菱と蓮の栽培を制限して泥の堆積をふせいだ）。水面からの高さ2.1mになる3つの石灯籠に火をともし、月明かりが3つの火を湖面に映す情景を「三潭印月」という。

Guide,
Xi Hu Nan Fang
西湖南側
鑑賞案内

雷峰塔を照らしながら沈む夕陽
また夕刻に鳴る浄慈寺の鐘
「西湖十景」で親しまれた世界

花港観魚 ［西湖十景］花港观鱼
huā gǎng guān yú ファアガングゥアンユウ ［★☆☆］

西湖を縦断する蘇堤の南側に位置する西湖十景のひとつ「花港観魚」。花港とは西側の花家山から流れる渓流のことで、牡丹や芍薬が茂るなか、水中に泳ぐ鯉や金魚を愛でる。

蘇東坡紀念館 苏东坡纪念馆 sū dōng pō jì niàn guǎn
スウドンポオジイニィエングゥアン ［★☆☆］

蘇堤の南端に立ち、伝統的な中国建築の外観をした蘇東坡紀念館。北宋の官吏蘇東坡は、二度、杭州に赴任し、蘇堤を築

CHINA
浙江省

くなどして名前を残している。蘇東坡の書画やゆかりの品を展示し、蘇東坡像も見える。

章太炎墓 章太炎墓 zhāng tài yán mù チャンタイイェンムウ [★☆☆]
章炳麟（章太炎）は1868年、浙江省余杭の郷紳の家庭に生まれ、辛亥革命前後に活躍した革命家であり学者（1868～1936年）。父親が杭州府知事の幕客となっていたため、杭州で育ち、西湖湖畔の詁経精舎に学んだ。その後、三度、日本に渡るなど革命活動に参加し、孫文、黄興らとともに辛亥革命に貢献している（辛亥革命後、北京の袁世凱のもとにいた

が、袁世凱批判をして幽閉された)。晩年は上海に居を定めて著述に専念し、死後、西湖湖畔のこの地に埋葬された。章炳麟の教え子に魯迅がいる。

雷峰塔 雷峰塔 léi fēng tǎ レイフォンタア ［★★☆］
湖面に向かって突き出した半島状の夕映山に立つ雷峰塔。杭州に都をおいた呉越国時代の975年、銭弘俶によって建てられたのをはじまりとし、西湖北側の保俶塔とともに西湖の景観を彩ってきた(また銭弘俶の王妃黄氏による創建とも言われる)。この雷峰塔には宝篋印塔陀羅尼がおさめられ、当時

【地図】西湖南側

【地図】西湖南側の [★★★]
- [ ] 西湖 西湖シイフウ

【地図】西湖南側の [★★☆]
- [ ] 雷峰塔 雷峰塔レイフォンタア
- [ ] 浄慈寺 浄慈寺ジンツウスウ
- [ ] 蘇堤 苏堤スウディイ
- [ ] 三潭印月 ［西湖十景］三潭印月サンタンインユエ

【地図】西湖南側の [★☆☆]
- [ ] 花港観魚 ［西湖十景］花港观鱼ファアガングゥアンユウ
- [ ] 蘇東坡紀念館 苏东坡纪念馆 スウドンポオジイニィエングゥアン
- [ ] 章太炎墓 章太炎墓チャンタイィエンムウ
- [ ] 雷峰夕照 ［西湖十景］雷峰夕照レイフォンシイチャオ
- [ ] 西子賓館 西子宾馆シイツウビングゥアン
- [ ] 南屏晩鐘 ［西湖十景］南屏晚钟ナンピンワンチョン
- [ ] 柳浪聞鶯 ［西湖十景］柳浪闻莺リィウランウェンイン
- [ ] 蘇堤春暁 ［西湖十景］苏堤春晓 スウディイチュンシィアオ
- [ ] 楊公堤 杨公堤ヤァンゴォンディイ

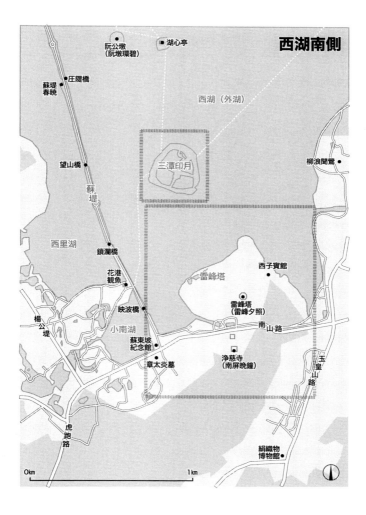

【地図】雷峰塔

【地図】雷峰塔の ［★★★］
- [ ] 西湖 西湖シイフウ

【地図】雷峰塔の ［★★☆］
- [ ] 雷峰塔 雷峰塔レイフォンタア
- [ ] 浄慈寺 浄慈寺ジンツウスウ
- [ ] 三潭印月 ［西湖十景］三潭印月サンタンインユエ

【地図】雷峰塔の ［★☆☆］
- [ ] 蘇東坡紀念館 苏东坡纪念馆 スウドンポオジイニィエングゥアン
- [ ] 章太炎墓 章太炎墓チャンタイイェンムウ
- [ ] 雷峰夕照 ［西湖十景］雷峰夕照レイフォンシイチャオ
- [ ] 西子賓館 西子宾馆シイツウビングゥアン
- [ ] 南屏晩鐘 ［西湖十景］南屏晚钟ナンピンワンチョン

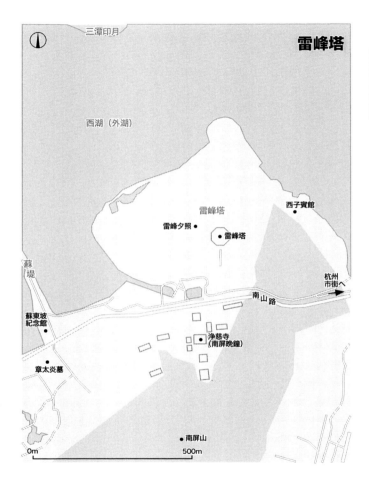

CHINA
浙江省

は保俶塔や蘇州の虎丘塔のようにレンガづくりの八角すい型の姿で、現在の雷峰塔とは外観が大きく異る。これは雷峰塔のレンガをまつると養蚕の蚕が無病息災だと信じられたことから、レンガをもち去る人が多く、塔は徐々に痩せていき、1924年に倒壊したことによる（魯迅は雷峰塔の倒壊をこの塔に由来する『白蛇伝』を例にあげ、男女の自由恋愛を認めなかった封建社会の崩壊になぞらえている）。2002年、高さ72mの新たな雷峰塔が完成し、堂々としたたたずまいを西湖湖畔に見せるようになった。また雷峰塔が再建されるにあたって、地宮の発掘が進み、金塗塔を安置する大光明殿、石

経、銅鏡や玉、めのうなどの装飾品銅銭などが出土している。

江南と呉越国の仏教

中国が南北にわかれた魏晋南北朝時代（3～6世紀）、江南に仏教が浸透するようになり、隋唐をへた五代十国の呉越国（907～978年）は国づくりに仏教をとり入れたことから、「東南の仏国」と呼ばれていた（呉越国は、唐末の節度使銭鏐が独立した杭州の地方王権）。当時の杭州には480もの仏教寺院があったと言われ、とくに第5代銭弘俶（929～988年）はアショカ王の故事にならい、国家鎮護を願って、陀羅

尼経をおさめた8万4000の銅製宝篋印塔を建てた。この時代、浄土宗、天台宗、律宗、禅宗、華厳宗など仏教各宗派がそれぞれの展開を見せ、呉越国に続く宋代以後、中国仏教の中心は江南に遷った。また銭弘俶の建てた8万4000の仏塔のうち、いくつかは日本に伝わっているという。

雷峰夕照 [西湖十景] 雷峰夕照
léi fēng xì zhào レイフォンシイチャオ [★☆☆]

「雷峰夕照」は夕日が照らす雷峰塔の光景をさす。西湖十景がさだめられた南宋時代、半島状の夕映山は今よりも細く、

▲左　2002年に新しく建てなおされた六和塔。　▲右　六和塔内部、エレベーターがそなえられている

西湖側から見れば、湖に浮かぶように塔が立っていたという。

雷峰塔を舞台にした『白蛇伝』

貧しい青年許宣に助けられた白い蛇が恩返しをするため人間の姿となって青年のもとに現れるという『白蛇伝』。明代に編纂された民間伝承で、清明節の日、保俶塔に参った許宣は、西湖で「白蛇の精」白娘子と出会い、やがてふたりは恋に落ちる（古く越の国では、蛇は祖神として信仰されていた）。杭州の薬局で働く許宣に、白娘子は銀をあたえるが、それは盗品であることがわかり、許宣は蘇州に流罪となる。許宣

CHINA
浙江省

を追って蘇州に来た白娘子は許宣に立派な服を着せるが、それも盗品であることが判明し、鎮江へ流される。鎮江金山寺の和尚法海は白娘子が白蛇であることを見抜き、許宣に杭州浄慈寺の自分のもとを尋ねるよう告げた。法海は法力を使って白娘子の正体をあばいて地中に閉じ込め、「西湖の水乾き、銭塘江の逆流が起こらず、雷峰塔が倒れる時、白蛇は世に出る」と言って小さな塔を建てた。その後、許宣が七層の塔を建てなおしたのが雷峰塔なのだという。『白蛇伝』は日本にも伝わり、上田秋成『雨月物語（蛇性の婬）』は『白蛇伝』を翻案したものと知られる。

西子賓館 西子宾馆
xī zǐ bīn guǎn シイツウビングゥアン [★☆☆]

雷峰塔の麓に位置し、毛沢東やニクソンといった政府要人が宿泊した西子賓館。周囲は雷峰塔を背後に、西湖を前面にした風光明媚な景観が広がり、敷地内にはいくつもの楼閣が展開する（毛沢東の宿泊した主席楼もある）。安徽省の豪商汪氏の邸宅だったところから汪荘ともいう。

浙江省

浄慈寺 浄慈寺 jìng cí sì ジンツウスウ ［★★☆］

南屏山を背後にして西湖湖畔に立つ杭州を代表する名刹の浄慈寺。呉越国時代の954年に建設がはじまり、961年に禅寺となり、南宋時代の1139年に浄慈報恩光孝禅寺となった。南宋時代、径山寺、霊隠寺、天童寺、育王寺とともに、五山の一角をしめ、皇族たちが参拝する寺院として知られていた。大雄宝殿を中心に伽藍が軸線上にならび、重さ1万キロの梵鐘を安置するほか、羅漢信仰とのかかわりも深い。また入宋した曹洞宗の道元が学んだ如浄禅師（1162～1228年）はこの浄慈寺にいたという経緯もある。

▲左　霊隠寺とともに杭州を代表する古刹の浄慈寺。　▲右　南屏山を背後に鐘が鳴る「南屏晩鐘」

南屏晩鐘［西湖十景］南屏晚钟
nán píng wǎn zhōng ナンピンワンチョン［★☆☆］

夕陽を受けて浄慈寺の鐘が響き渡る「南屏晩鐘」。清末、西湖十景にも選ばれたこの鐘は失われたが、日本の仏教会の尽力もあって、20世紀末になって新たな鐘が鋳造された。

Guide,
Xi Hu Dong Fang
西湖東側
鑑賞案内

杭州旧城に面した西湖の東側
西湖という名前は杭州市街の
「西」にあることに由来する

南山路 南山路 nán shān lù ナンシャンルウ ［★☆☆］
西湖の南東側を湖に沿うようにして走る南山路。西側の西湖風景区と東側の杭州旧城のちょうどはざまにあたり、茶館やレストラン、バー、ギャラリーなどが集まるエリアとなっている。

柳浪聞鶯 ［西湖十景］柳浪闻莺
liǔ làng wén yīng リィウランウェンイン ［★☆☆］
西湖十景のひとつ、柳並木で聞こえる鶯の鳴き声「柳浪聞鶯」。ここは南宋時代に御花園（皇帝の遊ぶ庭園）の聚景園のおか

【地図】西湖東側

【地図】西湖東側の [★★★]
- ☐ 西湖 西湖シイフウ

【地図】西湖東側の [★★☆]
- ☐ 西湖天地 西湖天地シイフウティエンディイ
- ☐ 白堤 白堤バイディイ
- ☐ 三潭印月 [西湖十景] 三潭印月サンタンインユエ
- ☐ 雷峰塔 雷峰塔レイフォンタア

【地図】西湖東側の [★☆☆]
- ☐ 南山路 南山路ナンシャンルウ
- ☐ 柳浪聞鶯 [西湖十景] 柳浪闻莺リィウランウェンイン
- ☐ 銭王祠 钱王祠チィエンワンツウ
- ☐ 中国美術学院 中国美术学院 チョングゥオメイシュウシュエユゥエン
- ☐ 湖浜公園 湖滨公园フウビンゴォンユゥエン
- ☐ 断橋残雪 [西湖十景] 断桥残雪 ドゥアンチャオツァンシュエ

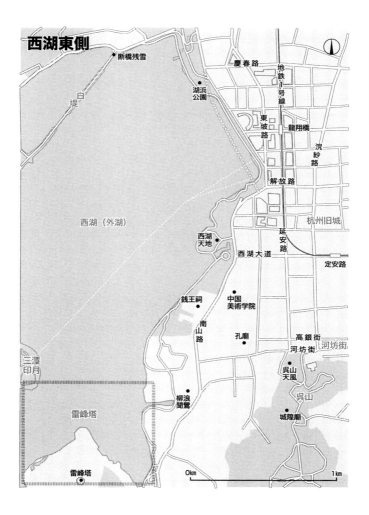

CHINA
浙江省

れた由緒正しい場所でもある。また日中戦争(1937〜1945年)で、杭州を占領した日本軍師団(岐阜県)出身者などによって日中不再戦の碑が立てられた。

南宋時代の御花園

杭州は南宋(1127〜1279年)の都がおかれた時代に最高の繁栄を見せた。南宋宮廷は西湖南東の鳳凰山東麓におかれ、西湖のほとりには南宋皇帝が遊ぶ聚景園、真珠園、南屛園(以上西湖の南側)、集芳園、延祥園、玉壺園(以上北側)がつくられた。人々は西湖のほとりに競って庭園を造園し、毎日

▲左　杭州市街に面した西湖の入口、「世界遺産」の碑が立つ。　▲右　南山路にはバーやレストランがずらりとならぶ

のように花市が開かれた。皇帝は御座船の大龍船に乗って西湖を楽しみ、南宋の人々は季節の行事ごとに西湖を愛でながら宴を開いて酒を飲むなど、享楽的な生活を送ったところから、「西子は呉を亡し、西湖は宋を亡す」とも言われた（春秋時代、越の計略で送られた西施の美しさに惑った呉王の国が滅んだように、西湖の美しさが南宋を滅ぼした）。

銭王祠 钱王祠 qián wáng cí チィエンワンツウ［★☆☆］

銭王とは中国が分裂した五代十国時代、杭州を都においた呉越国（907 〜 978 年）の王銭氏をさす。唐末の黄巣の乱（875

CHINA
浙江省

〜884年)のさなか、杭州の塩の闇商人から藩鎮へのしあがった銭鏐によって建国された。それまで湿地帯の広がる環境だった杭州にあって、呉越国は銭塘江に堤防を築き、排水路を整備するなど農業を振興して穀倉地帯へと生まれ変わらせた（呉越国、続く北宋、南宋時代に杭州は繁栄をきわめた）。杭州の礎を築いた呉越武粛王銭鏐をまつる廟は西湖南の玉皇山にあったが、1077年に現在の場所に遷された。当初は表忠観と呼ばれ、元明代を通じて破壊と再建を繰り返し、清代に現在の呼びかたで定着した。

▲左　バケツの水と大きな筆で地面に文字を書く人。　▲右　西湖天地界隈にはおしゃれなカフェも多い

中国美術学院 中国美术学院 zhōng guó měi shù xué yuàn
チョングゥオメイシュウシュエユゥエン［★☆☆］

中国美術学院は中国有数の伝統をもつ美術大学。1928年、中華民国時代の蔡元培によって国立芸術院として創建された。伝統的な中国の書画のほか、現代美術、アニメや漫画の研究、教育もされている。またこうした人材を輩出することから、杭州には中国を代表する芸術家が拠点を構える。

CHINA
浙江省

西湖天地 西湖天地
xī hú tiān dì シイフウティエンディイ ［★★☆］

西湖にのぞむ湖畔に位置し、カフェやショップが集まる西湖天地。このあたりは南宋の御花園や西湖十景のひとつ柳浪聞鶯で知られた場所で、「伝統ある杭州」と「最新の杭州」を融合して開発された。杭州で発展してきた園林や江南の邸宅、近代建築が再利用され、季節にあわせて変化にとんだ景色が移ろう（里弄をリノベーションして生まれ変わらせた上海の新天地とくらべられる）。

湖浜公園 湖滨公园
hú bīn gōng yuán フウビンゴォンユゥエン [★☆☆]

西湖の北東側にそって広がる湖浜公園。散歩をする人や湖のほとりで憩う人の姿がある。

杭州発中世日本へ

CHINA
浙江省

稲作や遣唐使、入宋した禅僧たち
古くから江南と日本のつながりは強かった
杭州から日本へ渡ったもの

西湖と日本

杭州刺史をつとめ、西湖を詠い、「白楽天」の名で親しまれる唐代の白居易（772〜846年）。白居易の詩集『白氏文集』は9世紀、平安時代の日本に伝えられ、杭州西湖の存在が日本に知られるとともに、『源氏物語』や『枕草子』にも影響をあたえている。また明の遺臣で日本に亡命した朱舜水は、杭州近くの浙江省余姚出身で、水戸光圀のもとに身を寄せ、湖を直行する堤、そこにかかる橋など西湖の庭園様式を後楽園に再現した（江戸時代に造園された広島縮景園、和歌山養翠園、東京旧芝離宮庭園、水戸偕楽園に西湖の影響が見られ、

Xihu 杭州発中世日本へ

湖を横切る堤は西湖堤と呼ばれる)。朱舜水は「今でも、杭州西湖に蘇堤はあるのか？」と尋ねられるなど、西湖は江戸時代の日本人のあこがれの地でもあった。松尾芭蕉が『奥の細道』で西湖に触れ、松島と西湖をくらべたり、池大雅が西湖を画題にしたことでも知られる。

禅と茶

径山寺、霊隠寺、浄慈寺（以上杭州）、天童寺、育王寺（以上寧波）を中心に、禅寺を杭州南宋朝廷の管理下においた五山十刹の制度。栄西や道元といった鎌倉時代の仏僧が入宋し

CHINA
浙江省

て学んだのが、この南宋の五山で、五山十刹の制度はそのまま鎌倉幕府、室町幕府へと受け継がれた（五台山の位置する華北は金の支配下に入ったことから、日本の仏僧は華中の五山や天台山で修行した）。また蘭渓道隆や無学祖元といった中国人仏教僧が渡来し、禅宗や浙江と深いかかわりのある茶樹や喫茶文化も同時に日本に伝えられた。饅頭（まんじゅう）、普請（ふしん）、塔頭（たっちゅう）、竹箆（しっぺい、しっぺ）といった言葉や音もこのときのものとなっている。

▲左　都がおかれた南宋時代を彷彿とさせる、杭州市街清河坊にて。　▲右
10世紀の呉越時代、杭州は「東南の仏国」と呼ばれていた

杭州と和菓子

和菓子のもとになったと言われるのが、朝と夜の食事のあいだに食べる中国の軽食「点心」で、饅頭、餅、麺類といった幅広い種類、甘物、塩味などさまざまな味つけがあった（中国では、端午に「ちまき」、中秋に「月餅」、旧正月に「餃子」と、季節ごと決まった点心を食べる習慣もある）。日本で親しまれている饅頭は、もともと南宋の杭州や寧波で食べられていた点心をもとにする。1241年、南宋から帰国した円爾弁円が、博多の茶店に饅頭の製法を授けたのがはじまりで、その茶店を虎屋といった。また同じころ日本にもたらされた羊羹は、

CHINA
浙江省

もともと羊肉の入った羹（あつもの）だったが、肉食の禁じられた仏教僧のため、小豆や葛を使う工夫をして精進料理となった（室町時代に甘くなったという）。鎌倉時代から室町時代、江戸時代にかけて中国の点心が伝えられ、和菓子はつくられていった。

Guide, Ling Yin Si
霊隠寺鑑賞案内

CHINA
浙江省

杭州屈指の古刹霊隠寺
豊かな笑みと太鼓腹を見せる
布袋和尚の石刻も残る

霊隠寺 灵隐寺 líng yǐn sì リンインスウ ［★★☆］

霊隠寺は杭州西部の飛来峰麓に位置する古刹で、創建は東晋時代の326年にさかのぼる（4世紀、漢族は南遷して南京に都を開いた）。南海を通じて杭州を訪れたインドの仏僧慧理が飛来峰を見て、「（インドの）霊鷲山に似ている」「仏道修行者の心霊が隠れ住む所」と言って寺を創建して霊隠寺と名づけた。唐代（618〜907年）には大伽藍とともに茶園があったと言われ、呉越国時代（907〜978年）には300人の僧侶が住持していたという。杭州に都がおかれた南宋時代、五山の第2位をしめ、明清時代を通じて破壊と再建を繰り返

Xihu

霊隠寺鑑賞案内

して現在にいたる。弥勒菩薩を安置する天王殿、高さ19.6mの釈迦像をまつる大雄宝殿、金色の薬師三尊の坐する薬師殿と軸線上にならんだ仏殿を中心に伽藍が展開する。また酒を飲み、肉食をしながら神通力で悪人をこらしめた怪僧済公をまつった済公殿も注目をひく（素行の悪さから霊隠寺を追放され、西湖南側の浄慈寺へ遷った）。清朝（1616〜1912年）第4代康熙帝が南巡して杭州を訪れたとき、「雲林禅院」と名づけたことから、この名前でも知られる。

【地図】飛来峰（霊隠寺）

【地図】飛来峰（霊隠寺）の ［★★★］
- 岳王廟 岳王庙ユエワンミィャオ
- 龍井［西湖新十景］龙井ロンジン
- 西湖 西湖シイフウ

【地図】飛来峰（霊隠寺）の ［★★☆］
- 霊隠寺 灵隐寺リンインスウ
- 蘇堤 苏堤スウディイ

【地図】飛来峰（霊隠寺）の ［★☆☆］
- 天竺三寺 天竺三寺ティエンチュウサンスウ
- 天下第一財神廟 天下第一财神庙 ティエンシィアディイイツァンシェンミィヤオ
- 西渓湿地公園 西溪湿地公园シイシイシイディゴォンユゥエン
- 双峰挿雲［西湖十景］双峰插云シュゥアンフェンチァユン
- 杭州植物園（玉泉）杭州植物园ハァンチョウチイウウユゥエン
- 楊公堤 杨公堤ヤァンゴォンディイ
- 汾陽別墅 汾阳别墅フェンヤンビエシュウ
- 西湖国賓館 西湖国宾馆シイフウグゥオビングゥアン
- 高麗寺 高丽寺ガオリイスウ
- 中国茶葉博物館 中国茶叶博物馆 チョングゥオチャアイエボオウゥグゥアン

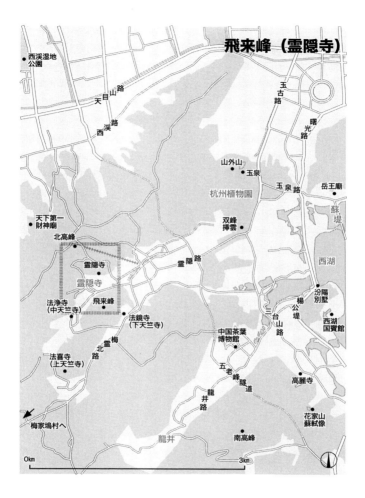

【地図】霊隠寺

【地図】霊隠寺の [★★☆]
- ☐ 霊隠寺 灵隐寺 リンインスウ
- ☐ 飛来峰石窟 飞来峰石窟 フェイライフォンシイクウ

【地図】霊隠寺の [★☆☆]
- ☐ 天竺三寺 天竺三寺 ティエンチュウサンスウ

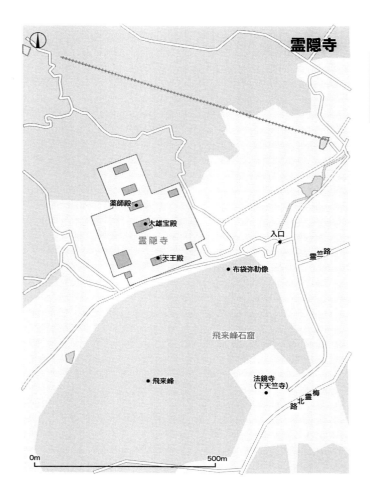

浙江省

飛来峰石窟 飞来峰石窟
fēi lái fēng shí kū フェイライフォンシイクウ [★★☆]

霊隠寺前方を東西に冷泉渓が流れ、その南側の飛来峰には72の石窟が残っている。この石窟は五代十国の呉越国から北宋、南宋、元代（10〜13世紀）にかけて彫られたもので、石仏の数は338体になる（江南の仏教石窟はめずらしく、西湖石窟を構成する）。とくに南宋時代の大きな太鼓腹を見せる布袋弥勒像は傑作にあげられ、周囲には仏教寺院や景勝地が点在する。また飛来峰という名前は、慧理がこの峰とインド霊鷲山が似ているところから発した「不知何時飛来」に由

▲左 杭州の傑作彫刻「布袋和尚」、弥勒菩薩と考えられる。　▲右 五山十刹の一角をしめた霊隠寺

来する。古くこの山は武林山と呼ばれ、秦漢時代の杭州行政府は、泉がわき真水の確保しやすいこの地にあった。

布袋和尚と弥勒菩薩

江戸時代の日本で、七福神のひとりとして信仰された布袋和尚は、五代十国時代（10世紀）に中国寧波岳林寺に籍をおく僧だったという。乞食をしながら各地を遍歴し、人びとからもらったものをすべて大きな袋（布袋）に入れ、どこでもごろっと寝た。この布袋和尚は「弥勒様は無数の姿を変えながらときどき世に現れるがそれに誰も気づかない」という遺

CHINA
浙江省

言を残したことから、弥勒仏の化身と見られるようになった。以来、中国では大きな太鼓腹、笑みを浮かべる表情、財宝の入った大きな袋をもった布袋和尚（弥勒菩薩）の図像が描かれている。「釈迦入滅から56億7000万年後に弥勒さまが下生され、衆生を救済する（理想の世界が地上に実現する）」という弥勒信仰は、ヒンドゥー教やイランの影響を受けながら中国に伝わった。中国では元末明初のときはじめ、『千年王国』的な思想が民衆反乱のスローガンとなることが多かった。

Xihu 霊隠寺鑑賞案内

五山と南宋の仏教

五山十刹の制度は、南宋の官吏史弥遠（1164〜1233年）によって定められ、径山寺、霊隠寺、浄慈寺（以上杭州）、天童寺、育王寺（以上寧波）が五山を構成した。インドガンジス河中流域の霊鷲山、帝釈窟山といった天竺五精舎にならったもので、国の監督のもと禅寺院と僧侶を序列づけるねらいがあった。中国の禅宗寺院は山間部に開かれることが多かったため、寺院名のほかに所在の山の名前で呼ばれて親しまれていた。禅宗は南宋朝廷などの権力と結びつくことで勢力を伸ばし、五山十刹は浙江、江蘇、福建を中心に展開した。ま

CHINA
浙江省

た絵画や書、喫茶などで、禅宗の色濃い五山文化が育まれた。

天竺三寺 天竺三寺
tiān zhú sān sì ティエンチュウサンスウ [★☆☆]

飛来峰一帯に展開する法鏡寺(下天竺寺)、法浄寺(中天竺寺)、法喜寺(上天竺寺)を天竺三寺と呼ぶ。その中心となってきたのが中天竺寺で、呉越国の939年、道翊が庵を結んだ場所に銭弘俶が創建した天竺看経院を前身とする。南宋時代、皇帝が天竺観音を杭州城内へ迎える迎請を行なうなど、五山の径山寺とならぶほどの格式をもっていた。また江南地方の農

▲左　霊隠寺の大雄宝殿。　▲右　さまざまな表情を見せる仏像が安置されている

民や民衆の信仰を集め、農閑期の2、3月、人々が首に袋をかけて巡礼する姿は、春の風物詩として知られていた。

天下第一財神廟 天下第一财神庙 tiān xià dì yī cái shén miào
ティエンシィアディイイツァンシェンミィヤオ ［★☆☆］

北高峰に立つ天下第一財神廟は、326年、インドの仏僧慧理が霊隠寺とともに建てた霊順寺を前身とする。その後、宋代から明代にかけて江南一帯に広がった民間信仰の華光大帝をまつる華光廟だったが、現在は天下第一財神廟として信仰を集めている。

浙江省

西渓湿地公園 西溪湿地公园 xī xī shī dì gōng yuán
シイシイシイディゴォンユゥエン ［★☆☆］

杭州市街北西郊外に位置する西渓湿地公園。杭州西側を流れる渓流は古くから西渓（西の渓流）と呼ばれ、美しい湿地帯が広がっていた。現在は自然保護区となっていて、江南の人びとの伝統的な暮らしぶりを伝える民家や船、白壁、黒屋根瓦の集落、福堤などの湿地帯にかけられた堤が自然ととけあうように展開する。

Guide, Long Jing
龍井鑑賞案内

Xihu ｜ 龍井鑑賞案内

天下に聞こえた茶樹と美しい水
西湖の湖畔で育まれた龍井茶は
中国を代表する銘茶

中国茶葉博物館 中国茶叶博物馆
zhōng guó chá yè bó wù guǎn
チョングゥオチャアイエボオウゥグゥアン ［★☆☆］

西湖から龍井へ続く茶畑の広がる丘陵地帯に位置し、茶の歴史や茶葉、茶器、茶と人の営みについて網羅した中国茶葉博物館。少数民族の暮らす南西部から、唐代、中国全土に広がった喫茶文化や茶の歴史を展示する「茶史庁」（明代に現在の茶の飲みかたになった）、緑茶、紅茶、青茶、黄茶、白茶、黒茶など発酵の度合い（製法の違い）で生み出されたそれぞれのお茶を展示する「茶萃庁」、人々の暮らしと茶の関係を

【地図】龍井

【地図】龍井の [★★★]
- [ ] 龍井 [西湖新十景] 龙井ロンジン
- [ ] 西湖 西湖シイフウ
- [ ] 岳王廟 岳王庙ユエワンミィャォ

【地図】龍井の [★★☆]
- [ ] 霊隠寺 灵隐寺リンインスウ
- [ ] 蘇堤 苏堤スウディイ

【地図】龍井の [★☆☆]
- [ ] 中国茶葉博物館 中国茶叶博物馆 チョングゥオチャアイエボオウゥグゥアン
- [ ] 御茶園 御茶园ユゥチャアユゥエン
- [ ] 虎跑泉 [西湖新十景] 虎跑泉フウパオチュウエン
- [ ] 杭州動物園 杭州动物园ハァンチョウドォンウウユゥエン
- [ ] 烟霞洞 烟霞洞ヤンシィアドォン
- [ ] 双峰挿雲 [西湖十景] 双峰插云シュゥアンフェンチャアユン
- [ ] 杭州植物園（玉泉）杭州植物园 ハァンチョウチイウウユゥエン
- [ ] 楊公堤 杨公堤ヤァンゴォンディイ
- [ ] 汾陽別墅 汾阳别墅フェンヤンビエシュウ
- [ ] 西湖国賓館 西湖国宾馆シイフウグゥオビングゥアン
- [ ] 高麗寺 高丽寺ガオリイスウ

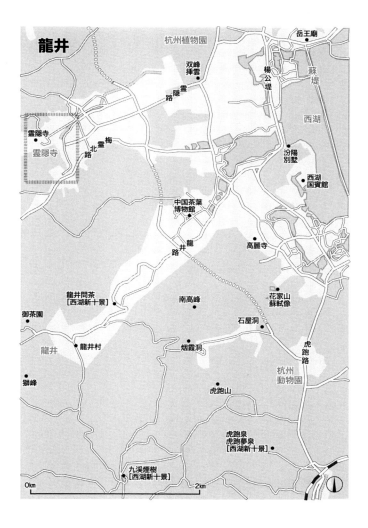

Xihu 龍井鑑賞案内

CHINA
浙江省

あつかう「茶俗庁」、茶碗、茶匙、茶筅、急須などの茶器を展示する「茶具庁」などからなる。西湖湖畔の茶については唐代から知られているが、西湖龍井茶の評価は元代から定着した。博物館には陸羽像が立ち、陸羽は『茶経』のなかで製茶法、茶器、茶の煮立てかた、茶の飲みかたを体系的に記している。

龍井［西湖新十景］龙井 lóng jǐng ロンジン ［★★★］

西湖湖畔に隣接する丘陵斜面状の、茶畑が続くなかにある龍井村。色、香り、味、かたちという指標で、中国最高の銘茶「龍

Xihu　龍井鑑賞案内

▲左　茶畑が広がる、龍井の位置する杭州は「茶の都」でもある　▲右　茶は塩とともに人びとの生活に欠かせない、中国茶葉博物館にて

井茶」を産出する。龍井村には、深く海とつながっているとも、龍が棲むとも言われる水の決して枯れない井戸（龍井）があった。古くは晋代の方士葛洪がここで煉炭を行なったとされ、元代に茶園が開かれ、続く明代には緑茶「龍井茶」の味は中国全土に知られるようになった。龍井村の特徴は、30度以上の傾斜地、温暖な気候と春の濃霧、充分な雨量、酸性の土壌などをもち、茶の栽培に適しているところ（また北の白雲山と天竺山が北風をふせぎ、南東の風を受ける）。龍井茶のなかでも茶葉のとれる場所で「獅（獅峰）」「龍（龍井）」「雲（五雲山）」「虎（虎跑山）」の４つの代表格があり、とくに獅

CHINA
浙江省

峰のものが最高級とされる。龍井で飲む茶「龍井問茶」は西湖新十景に指定されている。

御茶園 御茶园 yù chá yuán ユウチャアユゥエン ［★☆☆］
龍井村から西の胡公廟の近く、龍井のなかでも最高級の十八株の茶樹が見られる御茶園。清朝の第6代乾隆帝（在位1735〜95年）が南巡にあたってここで詩を詠んで龍井茶を飲んだ場所で、以来「御茶（皇帝の茶）」と名づけられた。清朝皇帝や毛沢東は龍井茶を愛し、清明節の直前につむ一番茶が献上品とされた。

虎跑泉 [西湖新十景] 虎跑泉
hǔ pǎo quán フウパオチュウエン [★☆☆]

西湖近郊でもっとも美味な水がわく虎跑泉。明代の『茶疏』では「杭州の南北両山の水では、虎跑泉を最上とする」と記されている。唐代、ここには大定慧寺があり、僧性空が水がない状態で困っていると、「2頭の虎が現れ、地を跑（か）くと泉が吹き出した」ことから、虎跑泉と名づけられた。虎跑泉に湧く清浄な水「虎跑夢泉」は西湖新十景に選ばれている。

浙江省

杭州動物園 杭州动物园 háng zhōu dòng wù yuán
ハァンチョウドォンウウユゥエン ［★☆☆］

西湖南側の豊かな自然のなかに位置する杭州動物園。パンダを飼育する大熊猫館、キリンが闊歩する長頸鹿館、キンシコウ、クロテナガザルのいる猿珍貴猴房といったエリアからなり、ライオンや虎、カンガルー、アジア象、金魚や両生類も見られる。また敷地内には竹林や湖、亭が点在する。古くこのあたりには杭州の礎を築いた呉越国の王をまつる銭王祠があったが、宋代の1077年、西湖湖畔に遷された。

▲左　龍が棲むという龍井。　▲右　「龍井問茶」のどかな村には、茶館がならぶ

烟霞洞 烟霞洞 yān xiá dòng ヤンシィアドォン ［★☆☆］

龍井村の東側、石屋洞などともに杭州南高峰一帯に点在する西湖石窟を構成する烟霞洞。洞窟は古くから神仙世界へつながる聖域と考えられ、道教、仏教双方の聖地となってきた。この烟霞洞は呉越国時代（907〜978年）に開削され、続く宋代にも仏教寺院や石窟寺院が営まれていた。十八羅漢像や布袋像、孔雀明王像などが安置されている。

【地図】西湖郊外

【地図】西湖郊外の [★★★]
- ☐ 龍井 [西湖新十景] 龙井ロンジン
- ☐ 西湖 西湖シイフウ
- ☐ 岳王廟 岳王庙ユエワンミィャオ

【地図】西湖郊外の [★★☆]
- ☐ 宋城 宋城ソォンチャン
- ☐ 霊隠寺 灵隐寺リンインスウ

【地図】西湖郊外の [★☆☆]
- ☐ 中国茶葉博物館 中国茶叶博物馆 チョングゥオチャアイエボオウゥグゥアン
- ☐ 虎跑泉 [西湖新十景] 虎跑泉フウパオチュウエン
- ☐ 梅家塢村 梅家坞村メイジィアウウツゥン

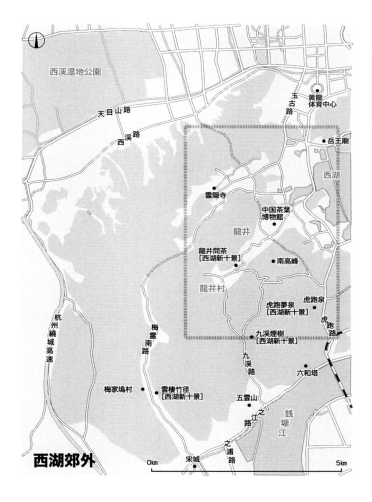

浙江省

梅家坞村 梅家坞村
méi jiā wù cūn メイジィアウウツゥン [★☆☆]

龍井村の南側に位置し、長らく龍井茶の産地として知られてきた梅家坞村。近年になって観光地化され、茶積みや製茶、釜炒りの様子が展示されているほか、茶芸館もならぶ。周囲は茶畑に囲まれて茶農家が暮らし、また周恩来紀念室、朱家里、西湖新十景のひとつ雲棲竹径(五雲山の竹林)も位置する。

宋城 宋城 sòng chéng ソォンチャン ［★★☆］

南宋（1127～1279年）の都がおかれ、繁栄をきわめた当時の街並みが再現されたテーマパークの宋城。宋河の両岸に広がる江南の民居、石の城壁の上に立つ城楼、宋代の街並みが続く市井街、仏教寺院や楼閣などが展開する。また宋城大劇院で演じられる「驚天烈焔」「岳飛点兵」、美食街、宋代の衣装や鎧姿の人びとによる曲芸も堪能できる。これらの設計は宋代の繁栄を描いた『清明上河図』などを参考にしているという。

茶樹南方
の嘉木
いろは

視覚、嗅覚、味覚で楽しむ茶
緑茶や紅茶などの喫茶文化は
中国から世界に広まった

かんたんな茶の歴史

もともと茶は雲南や貴州あたりの少数民族のあいだで親しまれていたもので、古くは茶の葉を直接食べたという。心臓を強め、内臓を調和させる薬の働きをもつ「養生の仙薬」と言われる茶。唐代（618〜907年）、陸羽が『茶経』で喫茶を体系化し、仏僧や文人、民衆に喫茶文化が広がったことで、塩とならぶ生活必需品となった。唐代の喫茶方法は茶葉を粉末にして茶そのものを飲んだが、明代以降、喫茶方法が大きく変わり、今は「茶のエキス」を飲んでいる（栄西が南宋の浙江から日本に伝えた抹茶は、茶そのものを飲む古いかたち

CHINA
浙江省

だという)。現在、世界中で愛飲されている茶はすべて中国を源流とし、福建の港から運ばれたものを福建語の「ティー」、広東省から輸出されたものを「チャ」と呼ぶ。また「チャイ」は中国語の茶葉「チャイエ」に由来するという。

茶の種類

現在飲まれている茶には、緑茶、紅茶、烏龍茶の3種類がある（中国では、さらに細かく6つにわける）。これらのお茶はもともと同じ茶樹から採れた葉を「発酵させない緑茶（茶積み後に加熱して酵素を殺し、発酵をおさえる）」「半分発酵

▲左　ガラスのコップに茶葉を入れ、お湯をそそぐ。　▲右　茶の栽培に最適だという龍井の地形

させる烏龍茶」「完全に発酵させる紅茶」という製茶方法の違いがある。基本となっているのは緑茶で、その代表格が西湖龍井（浙江省）、碧螺春（江蘇省）、紅茶では祁門（安徽省）、烏龍茶では武夷山岩茶や安渓鉄観音（ともに福建省）が知られる。また華南では身体を冷やす烏龍茶、乾燥した華北ではジャスミンの香りをつけた茉莉花茶が好まれるなど、環境や気候によって飲まれるお茶も異なる（欧米では、肉料理にあう紅茶が親しまれている）。

Xihu　茶樹南方の嘉木いろは

CHINA
浙江省

茶の飲みかたそれぞれ

龍井茶は透明のコップに茶葉を入れ、そのうえから直接お湯を注いで飲む。黄緑色をした茶葉は一度、お湯の勢いで舞いあがり、お湯を吸収しながら徐々に沈んでいく。龍井茶の出す色あい、香りを楽しみ、頃あいを見てから飲む。ほかには、蓋つきの小さな茶碗に茶葉を入れてお湯を注ぎ、蓋で茶葉がもれないようにして飲む蓋碗（蓋を立てて口を隠す）、茶器から作法、飲みかたまでこだわる福建、広東の工夫茶などが知られる。これらの喫茶方法で飲む茶は、茶葉、水、茶器などがあわさることで最高の味となるという。

Xihu

茶樹南方の嘉木いろは

参考文献

『西湖案内』(大室幹雄 / 岩波書店)

『開封と杭州』(曽我部静雄 / 冨山房)

『世界遺産めぐり 浙江省杭州市 西湖を彩る文化的な景観』(劉世昭 / 人民中国)

『中国の歴史散歩 3』(山口修・鈴木啓造 / 山川出版社)

『岳飛と秦桧』(外山軍治 / 富山房)

『蘇東坡』(林語堂著・合山究訳 / 講談社)

『漢籍伝来』(静永健 / 勉誠出版)

『新中国料理大全 2 上海料理』(中山時子・陳舜臣・木村春子 / 小学館)

『唐末杭州における都市勢力の形成と地域編成』(山崎覚士 / 都市文化研究)

『中国杭州西湖における景観形成とその影響に関する研究』(沈悦 / ランドスケープ研究』

『杭州の洞窟聖地とその信仰について』(須永敬 / 岐阜市立女子短期大学研究紀要)

『弥勒信仰のアジア』(菊地章太 / 大修館書店)

『世界大百科事典』(平凡社)

［PDF］杭州地下鉄路線図 http://machigotopub.com/pdf/hangzhoumetro.pdf

［PDF］杭州空港案内 http://machigotopub.com/pdf/hangzhouairport.pdf

まちごとパブリッシングの旅行ガイド

Machigoto INDIA , Machigoto ASIA , Machigoto CHINA

【北インド - まちごとインド】

001 はじめての北インド
002 はじめてのデリー
003 オールド・デリー
004 ニュー・デリー
005 南デリー
012 アーグラ
013 ファテープル・シークリー
014 バラナシ
015 サールナート
022 カージュラホ
032 アムリトサル

【西インド - まちごとインド】

001 はじめてのラジャスタン
002 ジャイプル
003 ジョードプル
004 ジャイサルメール
005 ウダイプル
006 アジメール(プシュカル)
007 ビカネール
008 シェカワティ
011 はじめてのマハラシュトラ
012 ムンバイ
013 プネー
014 アウランガバード
015 エローラ
016 アジャンタ
021 はじめてのグジャラート
022 アーメダバード
023 ヴァドダラー(チャンパネール)

024 ブジ(カッチ地方)

【東インド - まちごとインド】

002 コルカタ
012 ブッダガヤ

【南インド - まちごとインド】

001 はじめてのタミルナードゥ
002 チェンナイ
003 カーンチプラム
004 マハーバリプラム
005 タンジャヴール
006 クンバコナムとカーヴェリー・デルタ
007 ティルチラパッリ
008 マドゥライ
009 ラーメシュワラム
010 カニャークマリ
021 はじめてのケーララ
022 ティルヴァナンタプラム
023 バックウォーター(コッラム〜アラップーザ)
024 コーチ(コーチン)
025 トリシュール

【ネパール - まちごとアジア】

001 はじめてのカトマンズ
002 カトマンズ
003 スワヤンブナート

004 パタン
005 バクタプル
006 ポカラ
007 ルンビニ
008 チトワン国立公園

【バングラデシュ - まちごとアジア】

001 はじめてのバングラデシュ
002 ダッカ
003 バゲルハット（クルナ）
004 シュンドルボン
005 プティア
006 モハスタン（ボグラ）
007 パハルプール

【パキスタン - まちごとアジア】

002 フンザ
003 ギルギット（KKH）
004 ラホール
005 ハラッパ
006 ムルタン

【イラン - まちごとアジア】

001 はじめてのイラン
002 テヘラン
003 イスファハン
004 シーラーズ
005 ペルセポリス
006 パサルガダエ（ナグシェ・ロスタム）
007 ヤズド
008 チョガ・ザンビル（アフヴァーズ）
009 タブリーズ
010 アルダビール

【北京 - まちごとチャイナ】

001 はじめての北京
002 故宮（天安門広場）
003 胡同と旧皇城
004 天壇と旧崇文区
005 瑠璃廠と旧宣武区
006 王府井と市街東部
007 北京動物園と市街西部
008 頤和園と西山
009 盧溝橋と周口店
010 万里の長城と明十三陵

【天津 - まちごとチャイナ】

001 はじめての天津
002 天津市街
003 浜海新区と市街南部
004 薊県と清東陵

【上海 - まちごとチャイナ】

001 はじめての上海
002 浦東新区
003 外灘と南京東路
004 淮海路と市街西部
005 虹口と市街北部
006 上海郊外（龍華・七宝・松江・嘉定）
007 水郷地帯（朱家角・周荘・同里・甪直）

【河北省 - まちごとチャイナ】

001 はじめての河北省
002 石家荘
003 秦皇島
004 承徳
005 張家口
006 保定
007 邯鄲

【江蘇省 - まちごとチャイナ】

001 はじめての江蘇省
002 はじめての蘇州
003 蘇州旧城
004 蘇州郊外と開発区
005 無錫
006 揚州
007 鎮江
008 はじめての南京
009 南京旧城
010 南京紫金山と下関
011 雨花台と南京郊外・開発区
012 徐州

【浙江省 - まちごとチャイナ】

001 はじめての浙江省
002 はじめての杭州
003 西湖と山林杭州
004 杭州旧城と開発区
005 紹興
006 はじめての寧波
007 寧波旧城
008 寧波郊外と開発区
009 普陀山
010 天台山
011 温州

【福建省 - まちごとチャイナ】

001 はじめての福建省
002 はじめての福州
003 福州旧城
004 福州郊外と開発区
005 武夷山
006 泉州
007 廈門
008 客家土楼

【広東省 - まちごとチャイナ】

001 はじめての広東省
002 はじめての広州
003 広州古城
004 天河と広州郊外
005 深圳(深セン)
006 東莞
007 開平(江門)
008 韶関
009 はじめての潮汕
010 潮州
011 汕頭

【遼寧省 - まちごとチャイナ】

001 はじめての遼寧省
002 はじめての大連
003 大連市街
004 旅順
005 金州新区

006 はじめての瀋陽
007 瀋陽故宮と旧市街
008 瀋陽駅と市街地
009 北陵と瀋陽郊外
010 撫順

【重慶 - まちごとチャイナ】

001 はじめての重慶
002 重慶市街
003 三峡下り（重慶〜宜昌）
004 大足

【香港 - まちごとチャイナ】

001 はじめての香港
002 中環と香港島北岸
003 上環と香港島南岸
004 尖沙咀と九龍市街
005 九龍城と九龍郊外
006 新界
007 ランタオ島と島嶼部

【マカオ - まちごとチャイナ】

001 はじめてのマカオ
002 セナド広場とマカオ中心部
003 媽閣廟とマカオ半島南部
004 東望洋山とマカオ半島北部
005 新口岸とタイパ・コロアン

【Juo-Mujin（電子書籍のみ）】

Juo-Mujin 香港縦横無尽
Juo-Mujin 北京縦横無尽
Juo-Mujin 上海縦横無尽

【自力旅游中国 Tabisuru CHINA】

001 バスに揺られて「自力で長城」
002 バスに揺られて「自力で石家荘」
003 バスに揺られて「自力で承徳」
004 船に揺られて「自力で普陀山」
005 バスに揺られて「自力で天台山」
006 バスに揺られて「自力で秦皇島」
007 バスに揺られて「自力で張家口」
008 バスに揺られて「自力で邯鄲」
009 バスに揺られて「自力で保定」
010 バスに揺られて「自力で清東陵」
011 バスに揺られて「自力で潮州」
012 バスに揺られて「自力で汕頭」
013 バスに揺られて「自力で温州」

【車輪はつばさ】
南インドのアイラヴァテシュワラ寺院には建築本体に車輪がついていて寺院に乗った神さまが人びとの想いを運ぶと言います。

・本書はオンデマンド印刷で作成されています。
・本書の内容に関するご意見、お問い合わせは、発行元の
　まちごとパブリッシング info@machigotopub.com までお願いします。

まちごとチャイナ
浙江省003西湖と山林杭州
〜「地上の楽園」龍井茶のふるさと［モノクロノートブック版］

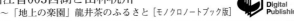

2017年11月14日　発行

著　者	「アジア城市（まち）案内」制作委員会
発行者	赤松　耕次
発行所	まちごとパブリッシング株式会社
	〒181-0013　東京都三鷹市下連雀4-4-36
	URL http://www.machigotopub.com/
発売元	株式会社デジタルパブリッシングサービス
	〒162-0812　東京都新宿区西五軒町11-13
	清水ビル3F
印刷・製本	株式会社デジタルパブリッシングサービス
	URL http://www.d-pub.co.jp/

MP137

ISBN978-4-86143-271-2 C0326　　　　Printed in Japan
本書の無断複製複写（コピー）は、著作権法上での例外を除き、禁じられています。